すべての試験方式に対応!

転職攻略!
問題集

転職者 SPI3

テストセンター・
SPI3-G・
WEBテスティング対応

中村一樹 著

はじめに

　本書は、転職市場における採用試験の主流「SPI3試験」の対策をまとめたものです。

　採用試験として最も著名なSPI3試験は、1万社以上の企業で採用されている最大手の試験であり、中でもテストセンター試験は、そのうちの6割以上で実施されているパソコンを用いたタイプのテストです。今後ますます実施する企業数が増えていくことでしょう。

　これ以外に、GAB試験やSCOA試験、TG-WEB試験なども近年、転職市場で用いられることがあります。ただ、SPI3試験と比べて採用企業数はまだまだ少なく、多くの転職者も「SPI3だけ準備をした」と口をそろえて話しております。

　ところが、このSPI3試験について、間違った情報が多数でており、受検者が困惑しています。およそ試験で出題されないような問題が市販の問題集に掲載されていたり、インターネットの書き込みなどに受検者を惑わせるような私見が書かれていたり、何をどのようにすればいいか途方に暮れている人も少なくありません。

　私は、全国の大学にて就職筆記試験対策の講義を多数請け負い、毎年5000人以上の就職希望者と交流を持っております。受講生からの生の情報を聞き入れ、試験を突破するために必要な最低限のエッセンスを詰め込んだのが本書です。

　本書を学習することで、今後さらに隆盛を極めるであろう「SPI3試験」を完全に攻略し、第一志望からの内定をゲットできることを、心からお祈りしております。

中村　一樹

本書の特徴

最新の傾向に合わせ【よく出る順】に掲載！

言語・非言語のどちらも、試験での「よく出る順」に並べられており、最重要項目を最優先で学習できるようになっています。テキストを前から順番に学習することで、忙しい社会人にとって最も効率のよい学習となります。

テストセンター、ペーパーテスト、WEBテスティングに対応！

「テストセンター」と「ペーパーテスト」、自宅受検の「WEBテスティング」のすべての方式に対応しており、各方式でどの分野が出題されやすいのか分析しています。

問題の解き方を完全図解化！見やすいレイアウト

非言語の例題解説をすべてわかりやすく図解化しています。見やすい見開き完結のレイアウトなので、いつでも手軽に学習できます。

「性格検査」にも対応！

本試験を受検する前に、問題のイメージが十分に持てるため、これだけでライバルに差をつけることができます。

試験突破に必要な学習を一冊で！

試験の出題分析に基づいた、真に必要な重要事項だけを集中的に身につけられる内容です。学習経験の少ない人にも最適の一冊といえます。

本書の使い方

【よく出る順】に掲載!
すべての項目を「よく出る順」に並べています。苦手分野に重点的に取り組むなど、効率的に学習できます。

3つの方式に対応
「テストセンター」「ペーパーテスト」「WEBテスティング」のどの方式で出題されるのかチェックできます。

ポイントを図解化!
非言語では、問題を解くためのポイントを完全図解化。制限時間内でスピーディに解くコツや考え方がわかります。示した時間内に囲みの中の例題を解く訓練をしましょう。**非言語のみ、小問ごとの目標回答時間となっています。**

●本冊

Check欄を活用
出題分野から基本的な例題を選んで掲載しています。「Check□□□」欄を活用し、確実に解けるまで繰り返し取り組みましょう。

出題頻度と難易度
出題頻度と難易度を3段階の星の数で示しています。星の数が増えるほど、出題頻度も難易度も高くなります。星の数が多い問題ほど、繰り返し解いて問題に慣れておきましょう。

本書は、「SPI3試験」を攻略できるように、受検者からの生の情報をもとに、学習に必要なエッセンスを盛り込んで作成しています。効果的に学習するために、各ページの構成を確認したうえで問題に取り組んでください。

練習問題で確実に!

例題と解法の後のページに、練習問題を掲載しています。繰り返し取り組んで、確実に解けるようにしましょう。

目標回答時間を設定

練習問題の目標回答時間を示しており、時間切れによる失点を防ぐための訓練もできます。この時間内に問題を解き、本試験に対応できる力を養いましょう。

別冊の解答・解説は切り離して使える!

解答と解説は「別冊」に掲載しています。掲載ページを示しているので、問題を解いたら必ず確認をして、解き方を理解しましょう。

目　次

はじめに …………………………………………………………… 2

本書の特徴 ………………………………………………………… 3

本書の使い方 ……………………………………………………… 4

第1章　SPIの概要

転職者用SPIとは ………………………………………………… 10

SPI3試験とは ……………………………………………………… 12

試験までの流れ …………………………………………………… 16

「SPI3テストセンター試験」の出題内容 ……………………… 18

転職者用SPIの試験対策 ………………………………………… 22

第2章　非言語能力

非言語能力検査の出題内容と対策 ……………………………… 26

【よく出る順】

1 推論①（正誤問題） …………………………………………… 28

2 推論②（人口密度） …………………………………………… 32

3 推論③（順位問題） …………………………………………… 36

4 推論④（内訳問題） …………………………………………… 40

5 推論⑤（平均問題） …………………………………………… 44

6 推論⑥（その他） ……………………………………………… 48

7 表の読み取り …………………………………………………… 52

8 集合 ……………………………………………………………… 58

9 損益算 …………………………………………………………… 62

10 料金の割引 ……………………………………………………… 66

11 割合 ……………………………………………………………… 70

12 速さの問題（時刻表）………………………………………… 74

13 速さの問題（旅人算）………………………………………… 78

14 地図（縮尺）…………………………………………………… 82

15 地図（方位）…………………………………………………… 86

16 長文読み取り計算 …………………………………………… 90

17 分割払い ……………………………………………………… 96

18 代金の精算 …………………………………………………… 100

19 場合の数 ……………………………………………………… 104

20 確率（和・積の法則）………………………………………… 108

21 資料の読み取り ……………………………………………… 112

22 整数の推理【WEBテスティング】…………………………… 118

コラム 選択肢から的を絞る黄金のテクニック ……………… 122

第**3**章 言語能力

言語能力検査の出題内容と対策 ………………………… 124

【よく出る順】

1 二語の関係① ………………………………………………… 126

2 二語の関係② ………………………………………………… 130

3 長文読解 ……………………………………………………… 134

4 熟語の意味 …………………………………………………… 140

5 語句の用法（多義語）………………………………………… 144

6 語句の用法（文法）…………………………………………… 148

※この分類と順序は、著者独自の受検者へのヒアリング調査・分析によるものです。

目次

7 反対語 ……………………………………………… 152

8 並べ替え問題 ……………………………………… 156

9 穴埋め問題 ………………………………………… 160

10 文節の並べ替え【WEBテスティング】 ………… 164

11 熟語の成り立ち【WEBテスティング】 ………… 166

12 文章のつながり【WEBテスティング】 ………… 168

コラム コレしか出ない！ **多義語の使い分けの助動詞・助詞** …… 170

第4章 性格

性格検査について ……………………………………… 172

1 第一部・第三部（SPI性格検査） …………………… 176

2 第二部（SPI性格検査） ……………………………… 178

コラム 採用担当者がみるSPI試験の『診断表』の中身とは？ … 180

第5章 その他の採用テスト

SPI3以外の採用テストについて …………………… 182

玉手箱 ………………………………………………… 184

Web-CAB ……………………………………………… 188

TG-WEB ……………………………………………… 190

※この分類と順序は、著者独自の受検者へのヒアリング調査・分析によるものです。

本文デザイン・DTP：久下尚子
協力：瓜谷眞理
編集制作：有限会社ヴュー企画

第1章

SPIの概要

転職者用SPIとは

① 転職市場で最大手の筆記試験「SPI3」

転職市場における筆記試験の大手として、「SPI3」試験が最も有名です。これは株式会社リクルートマネジメントソリューションズが開発した筆記試験であり、「Synthetic Personality Inventory」の頭文字をとって「SPI」といわれています。高校や大学の卒業後の入社試験で受検した経験のある人も多いことでしょう。

このSPI3試験は新卒の就職市場においては13,000以上の会社で使用され、年間のべ204万人が受検する最大手の試験となっています。それと同時に、新卒市場でSPIを採用している企業の大企業の多くでは、**転職希望者に対しても同様にSPI試験を課す**ことが多くなっています。これにより、転職希望者に対する市場においても最大手の試験となっています。

現代社会では、転職市場においても、既存の社員と能力比較をしたり、志願者の適性を判断するうえでの資料としたりするために、筆記試験を課すのが一般的になっています。特に20代・30代の若手社員を採用する場合にはこの傾向が強いといえます。従って、管理職をヘッドハンティングする場合などの特別な場合を除き、転職希望者は、「SPI3試験」をはじめとする筆記試験の対策をする必要があります。

② 「SPI3試験」の内容

SPI3試験には、対象とする人や試験の目的に応じてさまざまなタイプのものがあります。それぞれにおいて、**ペーパーテスト方式**、**テストセンター方式**、**WEBテスティング方式**があります。

名称	対象	概要
SPI3－G	転職希望者	転職希望者を採用する際に受検するSPI3試験
SPI3－U	大学生	新卒大学生が就職する際に受検するSPI3試験
SPI3－H	高校生	新卒高校生が就職する際に受検するSPI3試験
GSPI3	グローバル採用	外国人を採用する際に受検するSPI3試験
SPI3－P	すべての人	性格検査のみを実施する際のSPI3試験

転職希望者に対しては**SPI3-G**を採用する企業が多いですが、若手の転職者向けにはSPI3-UやSPI3-Hを用いる場合もあるようです。本書ではいずれの試験方式にも対応しています。なお、これらとは別に、短縮版のテストや専門職を採用するためのテスト方式もいくつかあります。

③ 出題内容は「基礎能力検査」と「性格検査」

SPI3試験は、「**基礎能力検査**」と「**性格検査**」の２つで構成されています。

基礎能力検査には、**二語の関係**、**長文読解**などを問う「**言語分野**（主に国語の問題）」と、**損益算**、**確率**、**推論**などを問う「**非言語分野**（主に数学の問題）」があります。非言語分野の問題はすべて、ひとつの題目に２つか３つの小問題がある、いわゆる**組問題**の形になっています。詳細は後述の各章の内容をご覧ください。

これ以外にも、**オプション試験**として、ペーパーテスト方式とテストセンター方式では「**英語能力検査**」が課される場合もあります。また、テストセンター方式では「**構造的把握力検査**」を課す企業もあります。これらはあくまでもオプション試験なので、すべての企業で課されるわけではありませんが、市販のテキストでも情報量が少なく、準備している人がそれほど多くありません。自分の希望する企業でオプション試験が課される場合には、注意をしましょう。

なお、テストセンター方式で試験を受検する場合には、事前にどのオプション試験が課されるのか（または課されないのか）が企業からのメールでわかりますので、オプション試験が課される場合には、新卒用のSPI3試験の書籍などで入念な準備をするようにしましょう。

筆記試験 Q&A

Q 企業は転職希望者に対して、どうして筆記試験を課すのでしょうか？

A 転職希望者のそれまでの職務経験の内容や実際の仕事能力を評価し、即戦力として通用するかどうかを判断するためには、基礎能力検査や性格検査の内容は直接的には関係ないように思えます。それにもかかわらず、多くの企業では転職希望者に対して筆記試験を課しているのが現状です。これは、①既存の社員との比較をすること、②その人の潜在的な資質や可能性を見るようにすること、③性格検査の結果を配属決定の資料にすることなど、企業によってさまざまな目的があるからです。企業は転職希望者に対しては、現在の能力よりも、将来的な可能性を重視しているといえるのかもしれません。

SPI3試験とは

① SPI3試験の３つの方式

　先に述べたように、SPI3には「**ペーパーテスト方式**」と「**テストセンター方式**」、そして「**WEBテスティング方式**（インハウスCBTを含む）」の**3種類**あります。

●ペーパーテスト方式

　ペーパーテスト方式は、みなさんがこれまで入試などで受けてきた試験と同じ、**紙ベースのテストによるマークシート方式の試験**です。従来は、筆記試験といえばこの「ペーパーテスト方式」を指していました。

●テストセンター方式

　近年採用企業が急増しているのが、「テストセンター方式」です。これは**パソコンの画面上に現れる問題を、解答番号をクリックしながら解いていく方式のテスト**です。下の表にあるように、現在はこの方式が主流となっています。

●WEBテスティング方式

　遠隔地の人でも受検しやすい「WEBテスティング方式」も人気です。**自宅や学校のパソコンで受検**することができます。企業によっては、「WEBテスティング方式」などで一度志願者を絞った後に、二次試験で「テストセンター方式」の受検を課すというところもあります。

　また、企業内のパソコンを用いて試験を行う「インハウスCBT方式」も、一部で採用されています。

●SPI３試験の実施方式

実施方式	概要
ペーパーテスト	紙ベースで行うマークシート式試験
WEBテスティング	インターネット上で実施するWEBテスト
インハウスCBT	企業内のパソコンで実施する試験
テストセンター	専用会場でパソコン受検する試験

② 近年はパソコンでの受検が主流

パソコンで受ける試験には、「WEBテスティング方式」と「テストセンター方式」があります。この2つの最大の違いは、自宅のパソコンで受けられるか否かです。

●自宅のパソコンで受けるWEBテスティング方式

企業にエントリーしたとき、もしくはエントリーシート提出の際に受検を指示され、**自宅や学校のパソコン**で受検します。電卓を使用して受けることが可能です。この試験では、受検者が確かに本人かどうかを確認できないという問題点があります。

●本人確認ができるテストセンター方式

試験実施団体が設けた**専用の会場**で行われます。なお、受検は**1企業につき1回**だけです。エントリーした企業から受検の連絡を受けた後に、受検会場を予約します。受検会場への入場の際に受検票や身分証明書の提示を求められるため、いわゆる「替え玉受検」は発生しません。この方式が主流となっているのは、この本人確認制度があるからだといえます。

パソコンで受検する以上、パソコンの基本操作ができなければなりません。ただし、結果判明に時間がかからず、自分のスケジュールにあわせて受検できる、普段着で気楽に受検できるといったメリットがあります。

筆記試験 Q & A

Q 企業は、なぜ本人確認のないWEBテスティング方式を選ぶのでしょうか？

A 確かに自宅受検も可能なWEBテスティング方式の場合、本人確認がないために、「替え玉受検」を防ぐこともできず、また複数での受検も止められません。さらに、辞書や電卓の使用も可能となってしまいますので、テストすること自体の意味がないといわれてもしかたありません。ただ、企業側には、手っ取り早く一次選抜ができればそれでいいという意図もあり、比較的安価なWEBテスティングのほうを使用することも少なくありません。

③ 3つの方式による試験の違い

　SPI3試験には3つの方式がありますが、それぞれ形式的にも内容にも違いがあります。それぞれの特徴をまとめてみました。

●ペーパーテスト方式

　ペーパーテスト方式は、紙ベースで試験を行います。標準的なSPI3－Uでは、**言語分野が30分で40問、非言語分野は40分で30問**、これ以外に**約40分の性格検査**が実施されます。**どの問題から回答してもよく**、時間が余れば前の問題を再度検討することもできます。また、紙ベースなので、**余白を計算用紙として使う**こともできますし、問題文への書き込みも自由です。ただし、問題用紙は試験実施後に回収されます。

●テストセンター方式

　テストセンター方式では、パソコン上で試験を行います。試験は**言語分野と非言語分野をあわせて約35分**となっており、出題される問題数は受検者によって異なります。詳しい内容は18ページを参考にしてください。**性格検査は、受検者が事前に自宅で受検**することになっています。

　なお、**試験会場で筆記用具とメモ用紙を貸してくれる**ので、それを用いて必要な計算をします（メモ用紙を持ち帰ることはできません）。

●WEBテスティング方式

　WEBテスティング方式でも、パソコン上で試験を行います。試験は**言語分野と非言語分野をあわせて約35分**ですが、出題される問題数が決まっている（**言語約40問・非言語約20問**）のがテストセンター方式との違いです。なお、基礎能力検査の実施後には、**性格検査が続けて実施**されます。

　テストセンター方式と同様に、言語能力検査・非言語能力検査には1問1問、**回答の制限時間**が設けられています。その長さは問題の内容によってまちまちですが、1問あたりだいたい**1分くらい**といったところです。なお、一度回答をすると前の問題に戻ることができない点は、テストセンター方式と同じです。

　WEBテスティング方式は自分の好きな場所で受検できるため、**自分で電卓や計算用紙を用意してから受検**することになります。

14

● SPI 3 の方式による違い

	ペーパーテスト方式	テストセンター方式	WEBテスティング方式
実施形態	マークシート式	パソコン	パソコン
試験会場	各企業	指定の専用会場	自宅・学校など
試験時間	言語　**30分** 非言語 **40分**	**言語と非言語 約35分**	言語と非言語 **約35分**
問題数	言語　**40問** 非言語 **30問**	**受検者によって異なる**	言語　**40問** 非言語 **20問**
性格検査	いっしょに受検 40分	事前に受検 30分	いっしょに受検 30分
回答順序	自由	**パソコンの指定順**	パソコンの指定順
計算用紙	問題文の余白を使用	会場で与えられる	自分で用意する

※ペーパーテスト方式については標準的なSPI3－Uで比較

　なお、他の大手採用試験であるC-GAB試験、SCOA試験、TG-WEB試験などでも近年テストセンター方式を採り入れています。ただし、これらはペーパーテスト方式の試験とテストセンター方式の試験との間に内容的にあまり大きな差異がないために、ペーパーテスト方式の学習を通してテストセンター対策をするのが一番だと思われます。

　ただし、テストセンター試験では電卓を使うことができないというのが、大きな特徴となっています。また、ペーパー版に比べて、さらに時間が足りずに最後まで回答できないという実際の受検者からの声をよく聞きます。

　これら各試験の特徴については、182ページを参考に対策をしてみてください。

試験までの流れ

① 書類審査後に筆記試験が課される

通常の採用においては、企業はまず志願者に「履歴書」「職務経歴書」を郵送する旨を指示します。ここでまずは**書類審査**が行われます。これを**通過すると筆記試験の案内がメール等で届きます**。

● **ペーパーテスト方式の場合**：試験の日時と場所が指定されます。

● **テストセンター方式の場合**：テストセンターで受検をするべき旨と試験の予約手続きの案内が送信されます。

● **WEBテスティング方式の場合**：試験のURLが送信されます。

② どのタイプのSPI3試験を課すのか？

実際のところ、企業で転職希望者にどのタイプのSPI3試験を課すかというのは、基本的には大学生や高校生の就職希望者と揃えているところが多いようです。つまり、大学生・高校生の入社試験をテストセンター方式で行う企業は、転職者に対してもテストセンター試験を課し、大学生・高校生の入社試験をWEBテスティング方式で行う企業は、転職者に対してもWEBテスティング試験を課しているようです。

③ テストセンター試験の予約の流れ

それでは、テストセンター試験の予約の流れをおさえておきましょう。

志望する企業にエントリーする

志望企業からメールが届き、テストセンターの受検の指示がある
（メールに予約サイトのURLがリンクされている）

受検者がテストセンターのWEBサイトで受検の申込みをする
（受検IDを取得する）　　　　　　　　　※ここでオプション試験があるかどうかがわかる

自分の都合のよい試験会場と試験日時を決めて予約をする
（前回受検の試験結果を使い回す場合にはこの操作は必要ない）

SPI3の場合には、性格検査を受検する
（前回の性格検査の結果を使い回す場合を除く）　　※性格検査は受検予約を行った日の
　　　　　　　　　　　　　　　　　　　　　　　　翌日午前3時までに受検すればよい

受検予約を完了した画面が表示され、予約完了のメールが届く
（予約完了画面か予約完了メールのいずれかを印字したものが当日の受検票となる）

16

●受検予約はパソコンで

テストセンターの予約は**すべてパソコンで**行われます。**電話では予約できません。**まず、あなたがエントリーした企業からテストセンターの受検についてのメールが届き、そこには専用サイトのアドレスが表示されています。その際、企業から「期限内にテストセンターを予約し、検査を受けなさい」という指示があります。

●性格検査を受検して予約が完了

その専用サイトへ行き、企業が指定した中で、自分の都合のよい日時、会場を選んで予約します。その後、性格検査を受検します（期間内に受検しないと試験会場の予約がキャンセルされてしまいます）。最後に、あなたのところへ予約完了のメールが届きます。**そのコピーか、必要事項を記入した紙が受検票**になります。

なお、予約を変更もしくは取り消したい場合は、**受検当日の1時間前までに専用サイト**で行います。受検者に聞くと、他社の面接試験などに行くついでに受けられるよう、テストセンターの日時を決める人が多いようです。

④ テストセンター試験の注意点

●試験当日の注意点

受検にあたっては、必ず次のものを用意してください。

① **受検票予約完了のメールのコピー、もしくは必要事項を書き写した紙**
② **身分証明書（免許証、パスポートなど）**

身分証明書は会場に入る際の本人認証として使われるので、必ず本人の顔写真付きのものにしてください。**これがないと一切受検できません。**

●持参した筆記具は使えない！ メモ用紙をフル活用しよう

試験会場に着くと、手荷物はすべてロッカーに預けることになります。筆記用具も**鉛筆2本とメモ用紙2枚**が渡され、それを使用しなければなりません。計算を要する問題は、まず問題の前提条件を図や式に表すことが、後の計算を楽にするので、メモ用紙は大いに活用してください。ただし使ったメモ用紙は、試験終了後に回収されます。なお、試験会場では電卓や辞書、その他の筆記道具を使用することはできません。

●テスト終了後は使い回しの検討を

テストが終わると、自動的に採点結果が企業に送られます。特に手続きはありませんので、あとは企業からの次の選考への案内を待つばかりです。

試験会場を出たら、試験の出来映えを正確に予想してメモするようにしましょう。それぞれのテスト結果を今後使い回しするかどうかを検討することが重要です。

「SPI3テストセンター試験」の出題内容

① SPI3テストセンター試験の試験科目

必須

- ●**性格検査**（事前に実施）
- ●**言語能力検査**┐
- ●**非言語能力検査**┘ **基礎能力検査**

　先述のように、SPI3試験は「性格検査」と「基礎能力検査」で構成されています。オプション試験として、「英語能力検査」（ペーパーテスト方式・テストセンター方式）や「構造的把握力検査」（テストセンター方式）を課す企業もあります。

② 問題の特徴と試験画面

●問題１つ１つに制限時間がある

　言語能力検査・非言語能力検査には、１問ごとに**回答の制限時間**が設けられています。その長さは問題の内容によってまちまちですが、非言語問題の場合、**１つの組問題でだいたい２分から３分**といったところです。

●制限時間は目盛りで示される

　それでは回答の制限時間はどうやってわかるのでしょうか。試験問題の画面の左下には**制限時間を知らせる目盛り**があります。その色が緑のうちはまだ余裕があるといえますが、黄色、オレンジ色と変わっていくにつれ、その問題の制限時間が近づいてきたことを知らせます。

　色が赤になってしまうと、未回答（不正解）として別の問題が自動的に現れます。たとえまだ考え中であっても、**別の問題が現れた時点で、もう前の問題には戻れません**。また、「早く解けたから、後で確認すればいい」とか「苦手な問題を後回しにしよう」と思っても、前の問題には戻ることができませんので、注意が必要です。

●18

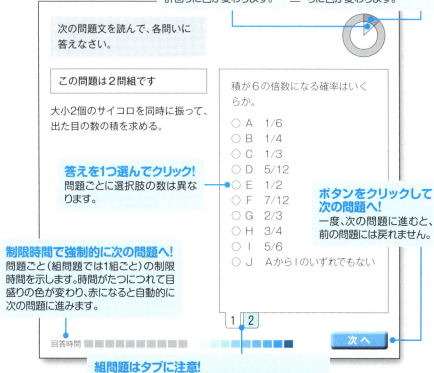

③ 受検者のレベルで問題が変わる！

　テストセンターでは、全受検者が同レベルの問題を解くとは限りません。たとえば、最初の問題が正解なら、**次の問題は最初よりレベルアップしたもの**になります。その問題も正解なら、次はさらにレベルアップしたものというように、正解していくほど問題のレベルがどんどん上がっていきます。傾向として、**レベルが上がるほど**非言語分野でいう「**推論**」や「**長文の読み取り**」といった、**思考性を問う複雑な問題**が増えていくようです。

　逆に、最初の問題を間違えたらどうなるでしょう。次の問題は最初よりやさしくなり、それを間違えればさらにレベルの低い問題が出るというように、間違え続けたら問題のレベルはどんどん下がっていきます。傾向として、**レベルが下がるほど**「**速度算**」や「**損益算**」といった、**単純な計算がメイン**となる問題が増えていくようです。

④ 前の結果を別の企業でも使い回せる！

●一社ごとに毎回受検する必要はない

　SPI3のテストセンター試験では、たとえばＡ社で受けたものを次に受けるＢ社やＣ社にも使えるようになっています。つまり、前の会社で受けた試験結果を次の別の会社でも使えるということです。これにより、一社ごとに律儀に毎回受検する必要はありません。なお、受け直すかどうかの判断は、検査ごとに行うことができます（たとえば性格のみを受け直すとか、オプション試験のみを受け直すことなどもできます）。

　試験を予約する際に、前回の試験を使い回す操作をすることで、受検する手間暇を節約することができます。これにより、就職活動に必要な時間を大幅に節約することができます。

●使い回せるのは直前に受けたものだけ

　ただし、使い回せる結果は**直前に受けたものだけ**です。たとえば、3回受けた後に、次の4社目で使い回すことができるものは、直前の3回目の受検結果のものということです。また、使い回せる期間も**最終受検日から1年**となっています。

　自分の試験の出来を推測し、"また受けるのか""使い回すのか"を上手に判断しましょう（23ページ参照）。

筆記試験 Ｑ&Ａ

Ｑ テストセンター試験を同一企業のために再受検することは可能でしょうか？

Ａ 同一企業で受検するチャンスは一度だけです。たとえ企業の指定した受検期間内であっても、再度受検することはできません。また、その後に新たに受検した結果を前の企業に反映させることもできません。
　各企業、1回しかない受検チャンスですので、本書でしっかりと準備してからのぞむようにしましょう。

⑤ 服装は自由でかまわない！

　テストセンター試験の運営や管理は、自分の志望する企業とはまったく別の会社が行っています。従って、自分の受検する企業担当者が会場に来るわけではないので、受検者の服装やマナーなどがチェックされることもありません。つまり、試験はふだん着で受けてもかまわないのです。

　とはいえ就職活動の一環として行われるものに変わりはないので、あまりだらしない格好で受けるのも考えものです。

　たとえば私が指導している受検者に、こんな人がいました。彼は、服装は自由でよいと知っていたので、ラフな格好で試験にのぞんだのですが、見渡すとまわりはみなスーツの人ばかりだったので、気になって試験に集中できなかったとのことです。

　また、あまりにラフな格好では、気持ちまで緩んでしまいがちです。試験にはスーツとまではいかなくても、それなりの服装でのぞんでください。

　これは、何も服装に限ったことではありません。受付での応対や受検中のマナーについても、企業担当者が見ていないからと横柄になったりせず、社会人らしいふるまいを心がけてください。

筆記試験 Q & A

Q 当日、電車の事故で受検することができませんでした。再受検は可能でしょうか？

A 試験の当日にトラブルに巻き込まれた場合には、あわてずに受検予約完了メールに記載の「テストセンターヘルプデスク」に電話して事情を説明しましょう。どのようにすればいいか指示を仰ぐことができます。何も連絡しないと、せっかくのチャンスを失うことになってしまいます。

Q 身分証明書を忘れた場合にはどうしたらいいですか？

A テストセンターを受検するには、身分証明書は不可欠です。これを忘れた場合には、自宅に取りに戻るしかありません。時間に間に合わない場合には、受検予約完了メール記載の「テストセンターヘルプデスク」か試験会場の受付で事情を説明し、指示を仰ぐようにしてください。

第1章　「SPI-3テストセンター試験」の出題内容

転職者用SPIの試験対策

① 最初の適性検査で筆記試験の種類を見分ける

筆記試験では、最初に性格検査を課されることが多いので、この**性格検査の種類によって、これから受ける試験が何であるか予測することが可能**です（174ページ参照）。試験に合わせて早めに受検対策を始めましょう。

② 必ず「転職者向けSPI（SPI3-G）」専用のテキストで学習する

転職者向けのSPI3試験では、新卒学生向けのSPI3試験と異なり、**試験の出題方式や出題内容が異なる場合があります**。非言語分野・言語分野に分けてそれぞれの章で後述しますが、転職者向けSPI3試験でしか出題されない分野（**地図**や**反対語**など）もあれば、転職者向けSPI3試験では出題されない分野（**グラフと領域**など）もあります。

また、同じ転職者向けSPI3試験といえども、ペーパー試験とテストセンター試験でも出題分野が異なります。詳細は下記の表をご覧ください。

● SPI3試験における出題範囲の比較

※標準的なSPI3-Gで比較

	テストセンター試験で出題		ペーパーテストのみで出題
言語	熟語の意味 語句の用法	文章の並べ替え 穴埋め問題	反対語
非言語	分割払い 代金の精算 確率	資料の読み取り 長文読み取り計算 場合の数	地図

試験に出題される内容だけを効率よく学習することが必要なので、必ず本書のような専用の書籍で学習してください。

③ 制限時間を意識した学習をしよう

本試験では無限に時間があるわけではありません。問題演習をする場合には**時計を横に置いて、試験時間を意識した学習をする**ことが不可欠です。本書では、練習問題ごとに目標回答時間を設定しています。制限時間内に問題が解けるようになるまで、繰り返し練習しましょう。

テストセンター試験の場合、問題の回答順を変えることはできませんし、問題ごとに制限時間があるので、より回答時間を意識する必要があります。**1問でも多く**

の問題をクリアすることが高評価につながるので、1問ごとにストップウォッチや砂時計を使いながら回答する練習をしましょう。

④ 本書に書き込まず、メモ用紙の活用を

　パソコンの試験では、ペーパーテストと異なり、問題文に線を引いたり、補助線を引いたりすることはできません。そこで、**与えられるメモ用紙を上手に活用し、計算を確実にこなす**必要があります。

　本書で練習するときにも、書き込みをせずに、別の白い紙をメモ用紙代わりにして解く訓練をしておきましょう。これこそが本番を意識した学習になります。

⑤ どの程度の成績かを予想する

　SPI3のテストセンター試験では、複数の企業に同一の成績を送ることができますが、よい成績だったのか、受け直すべきなのかについての判断は自分自身でするしかありません。だからこそ、自分の成績を客観的に予想する力が必要となってきます。それには、どうすればよいでしょうか。

●問題を解いたら出来を予想する

　これはふだんの学習から意識して行う必要があります。本書でも、練習問題を解いたらすぐに解答と照合するのではなく、その前に「この問題は正解できたはず」「小問3だけは自信がない」などと**自分の出来を予想して、その予測がどの程度正確なのかを体感する訓練**をしておきましょう。本試験で、受検し直すべきか否かを判断する際に大いに役立つでしょう。

●問題の難易度から予測する

　ただし、試験の結果がわからなくても、できばえの予測は可能です。本書19ページで述べたように、テストセンター試験の問題は正解すればするほど難しくなって

筆記試験 Q & A

Q 制限時間内に未回答の場合にはどうなりますか？

A パソコン試験には1問ごとに制限時間が設定されています。問題を解くのに必死になっていると、いつの間にか制限時間を超過していることも少なくありません。この場合には未回答（＝誤答）として自動的に次の問題へと進んでしまいます。心配な人はとりあえずどれかをクリックして選んでおいてから、計算用紙で計算するようにしておくとよいかもしれません。

いき、間違えるほどやさしくなっていきます。ということは、極論すれば、**序盤の問題よりも後半の問題のほうがかなり難しいと感じたら、正解率・得点は高い**と判断でき、後半のほうがやさしいと感じたなら正答率・得点は低いといえそうです。

さらに、**レベルが上がるほど推論や資料解釈などが出題され、レベルが下がるほど速さや損益算などの計算系の問題が増えていく**ことなども、できばえを推測する手がかりになるかもしれません。

⑥ WEBテスティングを受ける前には準備を

●回答を入力する形式の問題が多い

WEBテスティングの試験画面は、テストセンターの試験画面によく似ていて、問題ごとに制限時間があるのも同じです。ただし、非言語のほとんどの問題が**答えの数値を直接入力する形式**の問題となっています。選択肢によるヒントがないため、勘に頼らずに正確に計算結果を求めなければなりません。どのような式を立てるのかをすばやく考えられるように準備しておきましょう。

●受検環境を整える

WEBテスティング試験は自宅受検が可能なので、試験を受ける際にはさまざまな事前準備が必要です。まずは、**落ち着いて試験が受検できるような環境**を整えましょう。飲み物を用意したり、試験中に邪魔が入らないように携帯電話なども鳴らないようにしておきます。

●メモ用紙と筆記用具のほかに電卓を用意する

自宅で受検できるため、**言語ではインターネットの検索機能が使用でき、非言語試験では電卓での計算が可能**です。大きなメモ用紙と筆記用具のほかに電卓なども用意して、使える状態にしておきます。本書で学習するときにも、本番のシミュレーションとして、これらの道具を実際に使いながら練習するとよいでしょう。

筆記試験 Q & A

Q 合格点は決まっていますか？

A SPI3試験はほかの入社試験と同様に、相対評価で評価されます。つまり、自分の出来が悪くても、ほかの人の出来によって合格にも不合格にもなり得るのです。また、応募者数によっても、次の選考に進める倍率が違いますので、同一企業であっても、年度や職種によって合格点はさまざまです。

第2章

非言語能力

非言語能力検査の出題内容と対策

① 非言語能力検査の出題内容

　SPI試験の非言語能力検査では、以下の分野が出題されます。詳細は28ページ以降の各項を参照してください。

　それぞれの試験タイプに応じて、どの分野がどの程度出題されるかというのは違うので、ヤマをはらずに広く勉強することが必要です。

	分野	転職者用 テストセンター	転職者用 ペーパーテスト	転職者用 WEBテスティング	新卒用 テストセンター	新卒用 ペーパー	備考
1	推論	★★★	★★★	★★★	★★★	★★★	必ず出題
2	表の読み取り	★★★	★★★	★★★	★★★	★★★	必ず出題
3	集合	★	★★	★★	★★	★	頻出
4	損益算	★★	★	★★	★	★	頻出
5	料金の割引	★	★★	★	★	★	
6	割合	★	★★	★	★	－	
7	速さの問題	★	★	★★	★	★★	
8	地図と方位	－	★★	－	－	－	転職者用 ペーパーテスト特有
9	長文読み取り計算	★★	－	－	★	－	
10	分割払い	★	－	★	★	★★	
11	代金の精算	★	－	★	★	★	
12	場合の数	★	－	★	－	★	転職者用は 難しい
13	確率	★	－	★	★★	★★	転職者用は 難しい
14	資料の読み取り	★	－	－	★	－	
15	整数の推理	－	－	★★	－	－	Web特有

※聞き取りによる出題頻度を3段階の星の数で示しています。星の数が増えるほど、出題頻度も高くなります。「よく出る順」は、転職者用テストセンター、ペーパーテスト、WEBテスティングの出題頻度より、総合的に分析しています。また、28ページ以降の出題頻度も、これらを総合的にまとめたものです。

　中でも、推論の問題は、どの試験タイプにおいても**複数問が出題**されているようですが、推論分野にはさまざまなパターンがあって、正答率も一般的に低くなっています。本書でさまざまなパターンに慣れるようにしましょう。

② 非言語能力検査の到達目標と具体的勉強法

●制限時間を意識して解く

SPI試験は、短時間の中での正解数を争うものです。短時間で正解する必要があるので、ふだんの学習から「制限時間」を意識しながら練習するようにしてください。

●問題を解くときはメモ用紙を活用

テストセンター方式の試験においては、画面に表示されている情報をメモ用紙に書き写しながら問題を解くことが必要です。メモ用紙の上手な活用法も考えておくようにしましょう（17ページ参照）。

●組問題は1つの小問だけでも確実に正解を

非言語能力検査ではWEBテスティング試験を除き、基本的に2〜4問程度の小問からなる「組問題」が出題されます。1つの小問に時間をかけすぎることがないように注意してください。また、各小問で共通する計算についてはまとめて解くようにしましょう。

試験を突破するための目標は「各組問題で負け越さないこと」。

これは、

- ●2連問では1問以上正解する
- ●3連問では2問以上正解する
- ●4連問では2問以上正解する

ことを意味します。こうすれば、必ず非言語分野で5割以上の点が取れることになり、平均的な受検者の正答数を上回ることができるようになるからです。自分が苦手とする出題分野においても、最低限、比較的正答率の高そうな小問1だけでも確実に正解するようにしましょう。

まずは、得意分野を作ること（得点源になって、試験全体を優位に戦うことができるため）、苦手問題を丁寧に克服していくこと（せめて半分以上は取れるようにするとよい）が重要です。問題数をこなしていくことで、「習うより慣れよ！」を実践してください。

1 推論①（正誤問題）

ポイント 矢印（→）を使って図式化する！

● 「Xが正しければYも必ず正しい」の正誤を判定する問題

 彼は5歳

Y 彼は未成年

Z 彼は幼児

狭い ←範囲→ 広い

X → Z → Y

→を使って図式化！

例題　Check □□□　出題頻度 ★★☆　難易度 ★☆☆

箱の中に数色のボールが入っている。これらのボールについて、次のような3通りの発言があった。

　X　箱の中には青いボールと白いボールが入っている
　Y　箱の中には青いボール2個と白いボール3個が入っている
　Z　箱の中には少なくとも2色のボールが入っている

以上の発言は、必ずしもすべてが信頼できるとは限らない。そこで、さまざまな場合を想定して推論がなされた。

次の推論ア、イ、ウのうち正しいものをAからGの中から1つ選びなさい。

　ア　Xが正しければZも必ず正しい
　イ　Yが正しければXも必ず正しい
　ウ　Zが正しければYも必ず正しい

○ A　アだけ　　　○ B　イだけ　　　○ C　ウだけ
○ D　アとイ　　　○ E　アとウ　　　○ F　イとウ
○ G　アイウのすべて

①発言どうしの関係を矢印（→）で表す

X、Y、Zの条件を**範囲が狭い順**に並べ、関係を矢印で表します。

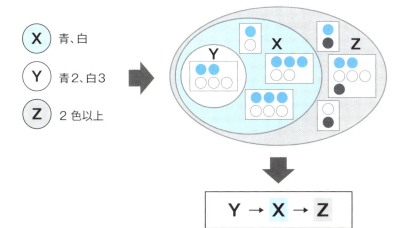

②推論を矢印で表し、①で作った図式と比べる

同方向なら正しく、逆方向なら間違いです。

　ア　X→Z　……　➡ に一致　⇒　○
　イ　Y→X　……　➡ に一致　⇒　○
　ウ　Z→Y　……　➡➡ と逆　⇒　×

つまり、**ア**と**イ**が正しいので、正解は**D**となります。

正解　D

練習問題 推論①(正誤問題)

回答時間 **6分**

解答・解説 ➡ 別冊1ページ

問題1

1〜10までの数字の書かれた10枚のカードから2枚選んだときに出た数の和（合計）について、次のような3通りの発言があった。

- X　出た目の和は4の倍数だった
- Y　出た目の和は偶数だった
- Z　出た目の和は8で割ると余りが0だった

以上の発言は、必ずしもすべてが信頼できるとは限らない。そこで、さまざまな場合を想定して推論がなされた。

1 Check ☐☐☐

次の推論ア、イ、ウのうち正しいのはどれか。AからHまでの中から1つ選びなさい。

- ア　Xが正しければZも必ず正しい
- イ　Yが正しければXも必ず正しい
- ウ　Zが正しければYも必ず正しい

○ A　アだけ　　○ B　イだけ　　○ C　ウだけ　　○ D　アとイ
○ E　アとウ　　○ F　イとウ　　○ G　アイウのすべて　○ H　正しい推論はない

2 Check ☐☐☐

次の推論カ、キ、クのうち正しいのはどれか。AからHまでの中から1つ選びなさい。

- カ　Xが正しければYも必ず正しい
- キ　Yが正しければZも必ず正しい
- ク　Zが正しければXも必ず正しい

○ A　カだけ　　○ B　キだけ　　○ C　クだけ　　○ D　カとキ
○ E　カとク　　○ F　キとク　　○ G　カキクのすべて　○ H　正しい推論はない

サイコロ2個を振ったときの出た目について、次のような3通りの発言があった。

- X 出た目の和は10であった
- Y 出た目の差は2以下であった
- Z 出た目は6と4であった

以上の発言は、必ずしもすべてが信頼できるとは限らない。そこで、さまざまな場合を想定して推論がなされた。

1 Check ☐☐☐

次の推論ア、イ、ウのうち正しいのはどれか。AからHまでの中から1つ選びなさい。
- ア Xが正しければZも必ず正しい
- イ Yが正しければXも必ず正しい
- ウ Zが正しければYも必ず正しい

○ A アだけ　○ B イだけ　○ C ウだけ　　　○ D アとイ
○ E アとウ　○ F イとウ　○ G アイウのすべて　○ H 正しい推論はない

2 Check ☐☐☐

次の推論カ、キ、クのうち正しいのはどれか。AからHまでの中から1つ選びなさい。
- カ Xが正しければYも必ず正しい
- キ Yが正しければZも必ず正しい
- ク Zが正しければXも必ず正しい

○ A カだけ　○ B キだけ　○ C クだけ　　　○ D カとキ
○ E カとク　○ F キとク　○ G カキクのすべて　○ H 正しい推論はない

2 推論②（人口密度）

ポイント 「人口密度×面積＝人口」を計算！

● 人口密度から各市の人口を計算し、比較する問題

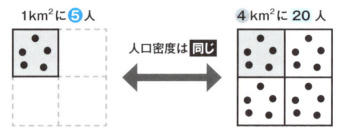

人口密度 ＝ 人口 ÷ 面積

例題　Check □□□　　出題頻度 ★★　難易度 ★★

P市、Q市、R市の人口密度（面積1km²あたりの人口）を右表に示してある。P市とR市の面積は等しく、Q市の面積はP市の2倍である。

市	人口密度
P市	900
Q市	360
R市	540

次の推論ア、イの正誤を考え、AからDまでの中から正しいものを1つ選びなさい。

　ア　Q市の人口はR市の人口よりも多い
　イ　Q市とR市を合わせた地域の人口密度は420である

○ A　アもイも正しい　　　　　○ B　アは正しいが、イは誤り
○ C　アは誤りだが、イは正しい　○ D　アもイも誤り

①表に面積と人口を追加する

まず、「ア　Q市の人口はR市の人口よりも多い」が正しいかどうかを判定するため、この2市の人口を求めます。**人口＝人口密度×面積**ですが、面積が与えられていないので、P市とR市の**面積を1**とおいて、人口を計算します。

市	人口密度	面積	人口
P市	900	1	900
Q市	360	2	720
R市	540	1	540

項目追加

表より、Q市の人口(720人)は、R市の人口(540人)より多いので、**アは正しい**ことがわかります。

②2市を合わせた地域の人口密度を計算する

次に、「イ　Q市とR市を合わせた地域の人口密度は420である」が正しいかどうかを判定します。

市	人口密度	面積	人口
P市	900	1	900
Q市	360	2	720
R市	540	1	540

表より、Q市とR市を合わせた地域の人口は、**720＋540＝1260**（人）
一方、面積は**2＋1＝3**
よって、この地域の人口密度は、**1260÷3＝420**

つまり、**イも正しい**ことがわかります。

正解 **A**

練習問題 推論②（人口密度）

回答時間 **6分**

解答・解説 ➡ 別冊2ページ

問題1

P市、Q市、R市の人口密度（面積1km²あたりの人口）を右表に示してある。P市とR市の面積は等しく、Q市の面積はP市の2倍である。

市	人口密度
P市	84
Q市	147
R市	126

1 Check □□□

次の推論ア、イの正誤を考え、AからIまでの中から正しいものを1つ選びなさい。

- ア　Q市の人口はR市の人口より多い
- イ　Q市とR市を合わせた地域の人口密度は140である

- ○ A　アもイも正しい
- ○ B　アは正しいが、イはどちらとも決まらない
- ○ C　アは正しいが、イは誤り
- ○ D　アはどちらとも決まらないが、イは正しい
- ○ E　アはどちらとも決まらないが、イは誤り
- ○ F　アは誤りだが、イは正しい
- ○ G　アは誤りだが、イはどちらとも決まらない
- ○ H　アもイもどちらとも決まらない
- ○ I　アもイも誤り

2 Check □□□

次の推論カ、キの正誤を考え、AからIまでの中から正しいものを1つ選びなさい。

- カ　R市の人口密度はP市とQ市を合わせた地域の人口密度に等しい
- キ　P市の人口とQ市の人口の和は、R市の人口の3倍である

- ○ A　カもキも正しい
- ○ B　カは正しいが、キはどちらとも決まらない
- ○ C　カは正しいが、キは誤り
- ○ D　カはどちらとも決まらないが、キは正しい
- ○ E　カはどちらとも決まらないが、キは誤り
- ○ F　カは誤りだが、キは正しい
- ○ G　カは誤りだが、キはどちらとも決まらない
- ○ H　カもキもどちらとも決まらない
- ○ I　カもキも誤り

問題2

甲、乙、丙の３つの容器に入れた食塩水の濃度を右表に示してある。甲と丙の食塩水の重さは等しく、いずれも乙の２倍の重さである。

容器	食塩水の濃度
甲	6.0%
乙	18.0%
丙	12.0%

1 Check □□□

次の推論ア、イの正誤を考え、ＡからＩまでの中から正しいものを１つ選びなさい。

ア　甲と乙の食塩水を混ぜると濃度は10.0%になる
イ　乙に含まれる食塩の量は丙に含まれる食塩の量より多い

○ **A**　アもイも正しい
○ **B**　アは正しいが、イはどちらとも決まらない
○ **C**　アは正しいが、イは誤り
○ **D**　アはどちらとも決まらないが、イは正しい
○ **E**　アはどちらとも決まらないが、イは誤り
○ **F**　アは誤りだが、イは正しい
○ **G**　アは誤りだが、イはどちらとも決まらない
○ **H**　アもイもどちらとも決まらない
○ **I**　アもイも誤り

2 Check □□□

次の推論カ、キの正誤を考え、ＡからＩまでの中から正しいものを１つ選びなさい。

カ　甲と丙の食塩水を混ぜたときの濃度は乙の濃度の半分と同じである
キ　甲の食塩水から水だけを蒸発させて半分の重さにすると、丙の食塩水の濃度と同じになる

○ **A**　カもキも正しい
○ **B**　カは正しいが、キはどちらとも決まらない
○ **C**　カは正しいが、キは誤り
○ **D**　カはどちらとも決まらないが、キは正しい
○ **E**　カはどちらとも決まらないが、キは誤り
○ **F**　カは誤りだが、キは正しい
○ **G**　カは誤りだが、キはどちらとも決まらない
○ **H**　カもキもどちらとも決まらない
○ **I**　カもキも誤り

3 推論③（順位問題）

ポイント ありうる順位をすべて書き出す！

●順位、並び方を求める問題。条件を図式化するのがカギ

設問の条件

Ⅰ 甲の得点は乙より高い
Ⅱ 乙の得点は丙より低い
Ⅲ 同点の人はいない

↓

条件を○＞△の形に図式化

Ⅰ 甲＞乙
Ⅱ 丙＞乙

（向きをそろえる）

↓

すべてのパターンを表にまとめる

1位	2位	3位
甲	丙	乙
丙	甲	乙

例題　Check □□□　出題頻度 ★★☆　難易度 ★★☆

甲、乙、丙、丁の4人が数学の方程式に関するテストを受けた。この結果として、次のことがわかっている。

　Ⅰ　4人の中に同点の人はいない
　Ⅱ　丁の得点は、乙よりも高い
　Ⅲ　乙の得点は、甲と丙の平均点に等しい
　Ⅳ　丁の得点は、甲よりも高い

ⅠからⅣまでの情報から判断するとき、次のア、イ、ウのうち、数学のテストの得点について必ず正しいといえるものはどれか。AからHまでの中から1つ選びなさい。

　ア　丁の得点は、丙よりも高い
　イ　乙の得点は、丙よりも高い
　ウ　甲の得点は、丙よりも高い

○ A　アだけ　　○ B　イだけ　　○ C　ウだけ　　○ D　アとイ
○ E　アとウ　　○ F　イとウ　　○ G　アイウのすべて
○ H　正しい推論はない

60秒で解く！

まず、与えられた**条件を**○＞△**の形に図式化**します。
コツは次のとおりです。
- ●「同点の人はいない」という条件は図式化しない
- ●不等号（＞）の向きをそろえる
- ●AはBとCの平均 ⇒ B＞A＞C または C＞A＞B

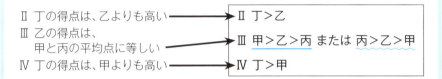

次に、**登場人物が最も多い条件**であるⅢを基準に、この3人の得点と、残る丁の得点との関係を絞り込み、表にまとめます。

（ⅰ）Ⅲで甲＞乙＞丙の場合
　　「Ⅳ 丁＞甲」より、**丁＞甲＞乙＞丙**

（ⅱ）Ⅲで丙＞乙＞甲の場合（右図）
　　「Ⅱ 丁＞乙」より、
　　丁＞丙＞乙＞甲 または **丙＞丁＞乙＞甲**

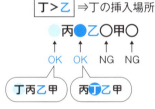

（ⅰ）、（ⅱ）の結果を表にします。

パターン	1位	2位	3位	4位
X	丁	甲	乙	丙
Y	丁	丙	乙	甲
Z	丙	丁	乙	甲

表より、ア、イ、ウの正誤は次のようになります。
- ア　丁＞丙　⇒　X：正、Y：正、Z：誤
- イ　乙＞丙　⇒　X：正、Y：誤、Z：誤
- ウ　甲＞丙　⇒　X：正、Y：誤、Z：誤

以上より、ア、イ、ウのいずれも「必ず正しい」とはいえません。

正解 **H**

練習問題 推論③（順位問題）

回答時間 **6**分

解答・解説 ➡ 別冊2ページ

問題1　P、Q、R、Sの4人が100点満点のペーパーテストに挑戦した。このうち、4人の得点について、次のことがわかっている。

Ⅰ　4人の中に同点の人はいない
Ⅱ　Qの得点は、Sよりも高い
Ⅲ　Rの得点は、PとQの得点の平均に等しい

1 Check ☐☐☐

ⅠからⅢまでの情報から判断するとき、次のア、イ、ウのうち、筆記試験のテストの得点について必ず正しいといえるものはどれか。AからHの中から1つ選びなさい。

　ア　Pの得点は、Qよりも高い
　イ　Qの得点は、Rよりも高い
　ウ　Sの得点は、Rよりも低い

○ **A**　アだけ　　　○ **B**　イだけ　　　○ **C**　ウだけ　　　○ **D**　アとイ
○ **E**　アとウ　　　○ **F**　イとウ　　　○ **G**　アイウのすべて
○ **H**　正しい推論はない

2 Check ☐☐☐

最も少ない情報で4人の点数の順番がすべてわかるためにはⅠとⅡとⅢの情報のほかに、次のカ、キ、クのうちどれが加わればよいか。AからHの中から1つ選びなさい。

　カ　Pの得点は、Sよりも高い
　キ　Qの得点は、Pよりも高い
　ク　Rの得点は、Sよりも低い

○ **A**　カだけ　　　○ **B**　キだけ　　　○ **C**　クだけ　　　○ **D**　カとキ
○ **E**　カとク　　　○ **F**　キとク　　　○ **G**　カキクのすべて
○ **H**　いずれでも決まらない

P、Q、R、Sの4人が英語と数学の2つのテストを受けた。このうち、4人の英語テストの得点について、次のことがわかっている。

Ⅰ 4人の中に同点の人はいない
Ⅱ Rの得点はPよりも低い
Ⅲ Sの得点はPとQの得点の平均に等しい
Ⅳ Qの得点はRよりも高い

1 Check☐☐☐

ⅠからⅢまでの情報だけから判断して、4人を英語テストの得点の高い順に並べたとき、Pの順位として考えられるものをすべてあげているのはどれか。AからHの中から1つ選びなさい。

○ A 1位だけ　　　　○ B 2位だけ　　　　○ C 3位だけ
○ D 1位か2位　　　○ E 1位か3位　　　○ F 2位か3位
○ G 1位か2位か3位　○ H AからGのいずれでもない

2 Check☐☐☐

ⅠからⅣまでの情報から判断するとき、次のカ、キ、クのうち、英語テストの得点について必ず正しいといえるものはどれか。AからHの中から1つ選びなさい。

　カ　Sの得点は、Pよりも低い
　キ　Rの得点は、Sよりも低い
　ク　Pの得点は、Qよりも高い

○ A カだけ　　○ B キだけ　　○ C クだけ　　○ D カとキ
○ E カとク　　○ F キとク　　○ G カキクのすべて
○ H いずれでも決まらない

4 推論④（内訳問題）

ポイント：まずは条件を数式で表す！

●条件と設問を手がかりに、選択肢の正誤を判定する問題

与えられた条件が……

「合わせて△個」 ⟶ P＋Q＋R＝△

「Pは少なくとも1個」 ⟶ P≧1

「PはQより多い」 ⟶ P＞Q

例題　Check □□□　　出題頻度 ★★　　難易度 ★★★

友だち7人が集まったので、ウーロン茶、紅茶、日本茶の3種類の飲み物を合わせて7杯用意した。3種類の飲み物について、次のことがわかっている。

　Ⅰ　3種類とも少なくとも1杯ずつは用意した
　Ⅱ　ウーロン茶の数は、紅茶の数より多い

次の推論ア、イ、ウについて、必ず正しいといえるものはどれか。AからHまでの中から1つ選びなさい。

　ア　日本茶の数がウーロン茶より多いなら、ウーロン茶は2杯だ
　イ　日本茶が2杯であれば、紅茶は1杯だ
　ウ　ウーロン茶と日本茶の数が同じならば、紅茶は1杯だ

○A　アだけ　　○B　イだけ　　○C　ウだけ　　○D　アとイ
○E　アとウ　　○F　イとウ　　○G　アイウのすべて
○H　正しい推論はない

①与えられた条件を数式で表す

ウ、紅、日のように略号で書くと、わかりやすいうえ、時間短縮になります。
合わせて7杯　　　　　⇒　ウ＋紅＋日＝7　……①
少なくとも1杯ずつ　　⇒　ウ≧1、紅≧1、日≧1　……②
ウーロン茶は紅茶より多い　⇒　ウ＞紅　……③

②各推論が正しいかどうかを検討する

次に、数式を見ながら、各推論が正しいかどうかを検討します。

ア 「日本茶の数がウーロン茶より多い」ならば、③より、
　日＞ウ＞紅
　これと①、②より、考えられるパターンは、「日＝4、ウ＝2、紅＝1」のみなので、アは**必ず正しい**といえます。

イ 「日本茶が2杯」ならば、①より、**ウ＋紅＝5**
　これと②、③より、考えられるパターンは、下の表のようになります。

ウ	3	4
紅	2	1
合計	5	5

　つまり、紅茶が1杯であるとは限らず、2杯の場合もあるので、イは**誤っています**。

ウ 「ウーロン茶と日本茶の数が同じ」ならば、③より、
　日＝ウ＞紅
　これと①、②より、考えられるパターンは、「日＝3、ウ＝3、紅＝1」のみなので、ウは**必ず正しい**といえます。

以上より、必ず正しいのは**ア**と**ウ**なので、正解は**E**となります。

正解 **E**

練習問題 推論④（内訳問題）

回答時間 6 分
解答・解説 ➡ 別冊3ページ

問題1

りんご、みかん、柿が合わせて12個あった。3種類の果物について、次のことがわかっている。

Ⅰ　3種類とも少なくとも2個ずつはあった
Ⅱ　みかんの数は、柿の数より多い

1 Check □□□

次の推論ア、イ、ウについて、必ず正しいといえるものはどれか。AからHまでの中から1つ選びなさい。

　ア　みかんの数がりんごより少ないならば、りんごの数は6個以上だ
　イ　りんごが4個であれば、柿は2個だ
　ウ　柿が4個であれば、りんごは3個以下だ

- A　アだけ
- B　イだけ
- C　ウだけ
- D　アとイ
- E　アとウ
- F　イとウ
- G　アイウのすべて
- H　正しい推論はない

2 Check □□□

次の推論カ、キ、クについて、必ず正しいといえるものはどれか。AからHまでの中から1つ選びなさい。

　カ　りんごと柿の数が同じならば、みかんの数は偶数個だ
　キ　柿の数がりんごより多いならば、りんごの数は2個だ
　ク　りんごとみかんの数が同じならば、柿は2個だ

- A　カだけ
- B　キだけ
- C　クだけ
- D　カとキ
- E　カとク
- F　キとク
- G　カキクのすべて
- H　正しい推論はない

高校生、中学生、小学生が合わせて10人いる。それぞれの人数について、次のことがわかっている。

Ⅰ それぞれ少なくとも1人ずつはいた
Ⅱ 小学生の人数は、中学生の人数より多い

1 Check □□□

次の推論ア、イ、ウについて、必ず正しいといえるものはどれか。AからHまでの中から1つ選びなさい。

ア 高校生が5人であれば、小学生は4人だ
イ 高校生と小学生の人数が同じならば、中学生は2人だ
ウ 高校生の人数が中学生と同じならば、小学生は4人か6人だ

○ A アだけ　　○ B イだけ　　○ C ウだけ　　○ D アとイ
○ E アとウ　　○ F イとウ　　○ G アイウのすべて
○ H 正しい推論はない

2 Check □□□

次の推論カ、キ、クについて、必ず正しいといえるものはどれか。AからHまでの中から1つ選びなさい。

カ 高校生が6人であれば、中学生は1人だ
キ 高校生が小学生よりも多いならば、中学生は1人だ
ク 中学生が高校生より多いならば、小学生は5人以上だ

○ A カだけ　　○ B キだけ　　○ C クだけ　　○ D カとキ
○ E カとク　　○ F キとク　　○ G カキクのすべて
○ H 正しい推論はない

5 推論⑤（平均問題）

ポイント 「平均」から「合計」を求める！

●与えられた「平均」から、平均や合計を求める問題

合計 = 平均 × 個数

P、Q、Rの平均点 = 80   P+Q+R = 80 × 3

例題 Check □□□   出題頻度 ★☆☆   難易度 ★★☆

英語のテスト（200点満点）を受験したP、Q、Rの成績について、次のことがわかっている。
　Ⅰ　PとQの平均点は161点である
　Ⅱ　P、Q、Rの平均点は171点である
　Ⅲ　QとRの平均点は172点である

1 PとRの平均点は何点か。

- ○ A　150点　　○ B　155点　　○ C　160点　　○ D　165点
- ○ E　170点　　○ F　175点　　○ G　180点　　○ H　185点
- ○ I　190点　　○ J　AからIのいずれでもない

2 最先に述べたⅠ、Ⅱ、Ⅲのほかに、S、Tの平均点が193点であることがわかった。次の推論カ、キ、クについて、必ず正しいといえるものはどれか。AからGまでの中から1つ選びなさい。

　カ　5人の中でのRの成績は上から数えて2番目または3番目である
　キ　5人の中で最も得点が高いのはSかTのいずれかである
　ク　P、S、Tの平均点よりRの得点のほうが低い

- ○ A　カだけ　　○ B　キだけ　　○ C　クだけ　　○ D　カとキ
- ○ E　カとク　　○ F　キとク　　○ G　カキクのすべて

60秒で解く！

まず、「 合計 ＝ 平均 × 個数 」を利用して連立方程式を作ります。

Ⅰ　P＋Q　　＝161×2 ⇒ P＋Q　　＝322 ……①
Ⅱ　P＋Q＋R ＝171×3 ⇒ P＋Q＋R ＝513 ……②
Ⅲ　　Q＋R　＝172×2 ⇒ Q＋R　　＝344 ……③

②－①より、R＝191（点）
②－③より、P＝169（点）
これを①に代入すると、Q＝322－169＝153（点）

1 PとRの平均点は、(169＋191)÷2＝360÷2＝180（点）

正解 **G**

2 「SとTの平均点が193点」ですので、**S、Tのうち少なくとも一方は193点以上**ということになります（下図）。このことを踏まえ、次のように考えます。

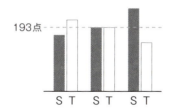

カ　Rは191点なので、S、Tのうち少なくとも一方は、Rより高得点です。一方、P、Qはどちらも193点未満なので、Rは高い方から2番目か3番目となります。よって、**必ず正しい**といえます。
キ　S、Tのうち少なくとも一方は193点以上なので、**必ず正しい**といえます。
ク　P、S、Tの平均点は、
　　(P＋S＋T)÷3＝(169＋193×2)÷3＝185（点）＜191（点）
　　よって、**誤っています**。

以上より、必ず正しいのは**カ**と**キ**なので、正解は**D**となります。

正解 **D**

練習問題 推論⑤（平均問題）

回答時間 **6** 分

解答・解説 ➡ 別冊 4 ページ

問題1

3人の女子大生P、Q、Rの身長について、次のことがわかっている。

Ⅰ　PとQの平均身長は158cmである
Ⅱ　P、Q、Rの平均身長は159cmである

1 Check ☐☐☐

次の推論ア、イ、ウについて、必ず正しいといえるものはどれか。AからHまでの中から1つ選びなさい。

　　ア　3人の中で最も身長が低いのはRではない
　　イ　3人の中で最も身長が高いのはPである
　　ウ　3人の中で最も身長が低いのはQである

○ **A**　アだけ　　○ **B**　イだけ　　○ **C**　ウだけ　　　　○ **D**　アとイ
○ **E**　アとウ　　○ **F**　イとウ　　○ **G**　アイウのすべて　○ **H**　正しい推論はない

2 Check ☐☐☐

上記のほかに、「Ⅲ　QとRの平均身長は156cmである」という条件が加わった。
Pの身長は何cmか。

○ **A**　159cm　　○ **B**　160cm　　○ **C**　161cm　　○ **D**　162cm
○ **E**　163cm　　○ **F**　164cm　　○ **G**　165cm　　○ **H**　166cm
○ **I**　167cm　　○ **J**　AからIのいずれでもない

●46

問題2 P市、Q市、R市の3都市の人口について次のことがわかっている。

Ⅰ　P市とQ市の人口を平均すると104000人である
Ⅱ　P市、Q市、R市の人口を平均すると105000人である

1 Check □□□

次の推論ア、イ、ウについて、必ず正しいといえるものはどれか。AからHまでの中から1つ選びなさい。

ア　3都市の中で最も人口が多いのはR市ではない
イ　3都市の中で2番目に人口が多いのはR市ではない
ウ　3都市の中で最も人口が少ないのはR市ではない

- A　アだけ
- B　イだけ
- C　ウだけ
- D　アとイ
- E　アとウ
- F　イとウ
- G　アイウのすべて
- H　正しい推論はない

2 Check □□□

上記のほかに、「Ⅲ　P市、Q市、R市、S市の人口を平均すると107000人である」という条件が加わった。最も少ない情報で4都市の人口の大小の順番がすべてわかるためにはⅠ・Ⅱ・Ⅲの情報のほかに、次のカ、キ、クのうちどれが加わればよいか。AからHの中から1つ選びなさい。

カ　R市とS市の人口の平均値
キ　P市とQ市の人口の大小関係
ク　Q市とR市の人口の平均値

- A　カだけ
- B　キだけ
- C　クだけ
- D　カとキ
- E　カとク
- F　キとク
- G　カキクのすべて
- H　正しい推論はない

6 推論⑥（その他）

テスト ペーパー Web

数式化⇒ほかと同じものを除外！

● 1個だけ混じる異物を見つける問題

| Ⅰ　PとQの重さは等しい
Ⅱ　PとQの重さの合計はRとSの合計より重い
Ⅲ　RとTの重さは等しい |

条件を数式化 →

| Ⅰ　P＝Q
Ⅱ　P+Q＞R+S
Ⅲ　R＝T |

↓ ほかと同じものを除外

異物！

例題　Check □□□

出題頻度 ★☆☆　　難易度 ★★★

①～⑦までの玉が7個ある。7個のうち、6個は同じ重さだが、1個だけ不良品でほかと重さが違う。いま天秤を使って玉の重さを量るものとする。

次の条件の場合、AからHまでの中から正しいものを1つ選びなさい。

Ⅰ　②と④の重さは等しい
Ⅱ　⑤と⑥と⑦の重さの合計は、②と③と④の重さの合計よりも軽い
Ⅲ　⑤と⑥の重さの合計は、①と⑦の重さの合計と等しい

○ A　不良品は①で、ほかよりも軽い　　○ B　不良品は②で、ほかよりも重い
○ C　不良品は③で、ほかよりも軽い　　○ D　不良品は④で、ほかよりも重い
○ E　不良品は⑤で、ほかよりも軽い　　○ F　不良品は⑥で、ほかよりも重い
○ G　不良品は⑦で、ほかよりも軽い　　○ H　不良品は③で、ほかよりも重い

まず、与えられた条件を、等式や不等式で表します。

Ⅰ ②と④の重さは等しい	➡	Ⅰ ②＝④
Ⅱ ⑤と⑥と⑦の重さの合計は、②と③と④の重さの合計よりも軽い	➡	Ⅱ ⑤＋⑥＋⑦＜②＋③＋④
Ⅲ ⑤と⑥の重さの合計は、①と⑦の重さの合計と等しい	➡	Ⅲ ⑤＋⑥＝①＋⑦

「1個だけ不良品でほかと重さが違う」ということは、残りの6個はすべて同じ重さであるということです。つまり、「**同じ重さの玉があれば、それは不良品ではない**」ということになります。
従って、条件Ⅰ、Ⅲより、①、②、④、⑤、⑥、⑦は不良品ではないことがわかります。

⬇ ほかと同じものを除外

不良品！

ここで、「Ⅱ ⑤＋⑥＋⑦＜②＋③＋④」より、③はほかよりも重いことがわかるので、正解は**H**となります。

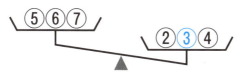

正解 **H**

練習問題 推論⑥（その他） 回答時間 **8**分

解答・解説 ➡ 別冊5ページ

問題1

1から9までのカードが1枚ずつある。甲、乙、丙の3人にこのカードを3枚ずつ配布した。配布したカードについて、以下のことがわかっている。

Ⅰ　甲に配られたカードの数字の積は24である
Ⅱ　7のカードは乙に配られた
Ⅲ　丙に配られたカードの数字の和は20である

1 Check☐☐☐

確実に丙に配られたといえるカードはどれか。可能性のあるものをすべて答えなさい。

- ○ A　1
- ○ B　2
- ○ C　3
- ○ D　4
- ○ E　5
- ○ F　6
- ○ G　8
- ○ H　9

2 Check☐☐☐

7以外に乙に配られたカードはどれか。可能性のあるものをすべて答えなさい。

- ○ A　1
- ○ B　2
- ○ C　3
- ○ D　4
- ○ E　5
- ○ F　6
- ○ G　8
- ○ H　9

問題2

P、Q、R、S、T、Uの6人について、以下のことがわかっていることとする。

Ⅰ　TはP、S、Uの3人と性別が異なる
Ⅱ　Rは女性である

1 Check☐☐☐

次の推論ア、イ、ウのうち、必ずしも誤りとはいえないものはどれか。

　ア　男性は2人以上いる。
　イ　Qと同じ性別の人がいる。
　ウ　男女の人数の差が4人である。

- ○ A　アだけ
- ○ B　イだけ
- ○ C　ウだけ
- ○ D　アとイ
- ○ E　アとウ
- ○ F　イとウ
- ○ G　アイウのすべて
- ○ H　正しい推論はない

2 Check ☐☐☐

最も少ない情報で6人の性別を確定するには、ⅠとⅡの情報のほかに、次のカ、キ、クのどの情報を加えればよいか。

　カ　女性は4人以上である。
　キ　Tと性別が同じ人がいる。
　ク　男女同数である。

○ A　カだけ　　　○ B　キだけ　　　○ C　クだけ　　　○ D　カとキ
○ E　カとク　　　○ F　キとク　　　○ G　カキクのすべて
○ H　正しい推論はない

問題 3

図のように、横一列に9つの家が並んでいる。最初に真ん中の⑤の家から出発した。その後に入った3つの家について、以下のことがわかっている。ただし、アからウの順番は不明である。

ア　次に2つ右の家に入った
イ　次に5つ隣の家に入った
ウ　次に1つ隣の家に入った

1 Check ☐☐☐

最初に入った家とはどれか。可能性があるものをすべて選びなさい。

○ A　①　　　○ B　②　　　○ C　③　　　○ D　④
○ E　⑥　　　○ F　⑦　　　○ G　⑧　　　○ H　⑨

2 Check ☐☐☐

最後に入った家とはどれか。可能性があるものをすべて選びなさい。

○ A　①　　　○ B　②　　　○ C　③　　　○ D　④
○ E　⑥　　　○ F　⑦　　　○ G　⑧　　　○ H　⑨

7 表の読み取り

ポイント 必要な部分だけを読み取る

●表の数値を読み取り、合計や平均などを答える問題

国語の最高点は？ ⇒ を読み取る ⇒ 98 点
数学の平均点は？ ⇒ を読み取る
　　　　　　　　⇒（36＋64＋87＋53＋60）/5＝60（点）

	相川	井上	梅田	江口	大野
国語	53	98	64	75	82
数学	36	64	87	53	60
英語	72	95	74	63	88

例題　Check □□□　　出題頻度 ★★★　難易度 ★★

下表はある学校の小学1年生の100m走の記録を0.5秒ごとの人数に分類したものである。

	10.5～	11.0～	11.5～	12.0～	12.5～	13.0～	13.5～	14.0～	計
甲組	0	0	1	3	5	9	3	0	21
乙組	2	0	3	5	5	4	1	0	20
丙組	1	1	4	8	2	6	0	1	23
丁組	0	2	2	5	7	5	3	0	24
戊組	0	1	3	0	6	9	4	0	23

各クラスで、一番速い者をそれぞれ1人ずつ選んだ。この5人でチームをつくり、バトンをつないで順に1人100mずつ走り500m走った。各人が上の表と同じタイムで走ったとすると、その記録は何秒になるか（バトンタッチの時間は考えない）。

○ A　50.5秒　　○ B　55.5秒　　○ C　59.5秒　　○ D　62.5秒
○ E　65.5秒　　○ F　70.5秒　　○ G　AからFのいずれでもない

90秒で解く！

まずは表を眺め、各クラスについて、**一番速い者が含まれている欄**（水色の部分）に着目します。

速い ⟵————————————⟶ 遅い

	10.5 ～	11.0 ～	11.5 ～	12.0 ～	12.5 ～	13.0 ～	13.5 ～	14.0 ～	計
甲組	0	0	1	3	5	9	3	0	21
乙組	2	0	3	5	5	4	1	0	20
丙組	1	1	4	8	2	6	0	1	23
丁組	0	2	2	5	7	5	3	0	24
戊組	0	1	3	0	6	9	4	0	23

表からは、正確なタイムはわかりませんが、範囲を読み取ることはできますので、それらを書き出します。

甲組 …… 11.5 ～ 12.0秒 　　甲組で一番速い者の
乙組 …… 10.5 ～ 11.0秒 　　タイムは、11.5秒以上
丙組 …… 10.5 ～ 11.0秒 　　12.0秒未満
丁組 …… 11.0 ～ 11.5秒
戊組 …… 11.0 ～ 11.5秒
―――――――――――――
合計 　　 54.5 ～ 57.0秒

以上より、5人の合計タイムは**54.5秒以上57.0秒未満**と考えられます。この範囲に含まれるのは、B（55.5秒）のみです。

正解 B

第2章 表の読み取り

練習問題 表の読み取り

回答時間 15分
解答・解説 → 別冊6ページ

問題1

ある企業は、P、Q、R、Sの4つの商品を販売している。下の図は、この企業の売上に占める4つの商品の売上の比率を月ごとに示したものである。

	8月	9月	10月	11月
P	18%	13%		19%
Q		36%	29%	33%
R	14%	25%	25%	
S	26%		28%	29%
合計	100%	100%	100%	100%

1 Check □□□

9月の売上高が7200万円だったとすると、この月の製品Qの売上高は、この月の製品Sの売上高より何円多いことになるか。

- ○ A　600万円
- ○ B　630万円
- ○ C　660万円
- ○ D　690万円
- ○ E　720万円
- ○ F　750万円
- ○ G　780万円
- ○ H　810万円
- ○ I　840万円
- ○ J　AからIのいずれでもない

2 Check □□□

10月の売上高が6800万円であったとすると、この月の製品Pの売上高はどれだけになるか。

- ○ A　1220万円
- ○ B　1224万円
- ○ C　1228万円
- ○ D　1230万円
- ○ E　1234万円
- ○ F　1240万円
- ○ G　1242万円
- ○ H　1244万円
- ○ I　1248万円
- ○ J　AからIのいずれでもない

3 Check □□□

11月の売上が全部で5000万円、12月の売上が4000万円で、12月の売上の21%をR製品の売上が占めていたとすると、R製品は11月から12月にかけて売上の減少額はどれだけか。

- ○ A　100万円
- ○ B　105万円
- ○ C　110万円
- ○ D　115万円
- ○ E　120万円
- ○ F　125万円
- ○ G　130万円
- ○ H　135万円
- ○ I　140万円
- ○ J　AからIのいずれでもない

問題2

下の表1はある高校における甲中学校出身の新入生の数に関する表、表2はこの高校における甲中学校出身の新入生の新入生全体に占める割合を示すものである。

【表1】
2011年度	2012年度	2013年度	2014年度	2015年度
14人	12人	16人	8人	5人

【表2】
2011年度	2012年度	2013年度	2014年度	2015年度
10%	8%	10%	5%	4%

1 Check□□□

この高校の2014年度の新入生は何人か。

- A 158人
- B 160人
- C 162人
- D 164人
- E 167人
- F 169人
- G 170人
- H 172人
- I 175人
- J AからIのいずれでもない

2 Check□□□

2011年度と比べると、2013年度は新入生の数にどのような変化があるか。

- A 5人増加した
- B 5人減少した
- C 10人増加した
- D 10人減少した
- E 15人増加した
- F 15人減少した
- G 20人増加した
- H 20人減少した
- I 増加も減少もしていない
- J AからIのいずれでもない

3 Check□□□

2012年度と比べると、2015年度は新入生の数にどのような変化があるか。

- A 5人増加した
- B 5人減少した
- C 10人増加した
- D 10人減少した
- E 15人増加した
- F 15人減少した
- G 20人増加した
- H 20人減少した
- I 25人増加した
- J AからIのいずれでもない

問題3 以下の表1は東京にあるいくつかの大学の学生の出身都道府県の割合を示す表である。また、表2は、各大学の男女別の人数を示す表である。

【表1】

	R大学	S大学	T大学	U大学
東京	10%	12%	13%	12%
神奈川	23%	23%		15%
埼玉	19%	11%	29%	13%
千葉	21%		16%	
茨城	19%	18%	12%	19%
その他		21%	14%	28%
合計	100%	100%	100%	100%

【表2】

大学名	R大学	S大学	T大学	U大学
男子	660	1250	1200	0
女子	240	1150	1800	1700

1 Check□□□

R大学のその他出身者とS大学の千葉出身者の人数の和は何人か。

- ○ A 414人
- ○ B 425人
- ○ C 429人
- ○ D 432人
- ○ E 435人
- ○ F 439人
- ○ G 440人
- ○ H 442人
- ○ I 443人
- ○ J AからIのいずれでもない

2 Check□□□

T大学の神奈川出身者のうち男性は4割だった。T大学の神奈川出身の男子学生は何人か。

- ○ A 114人
- ○ B 125人
- ○ C 136人
- ○ D 176人
- ○ E 184人
- ○ F 192人
- ○ G 198人
- ○ H 210人
- ○ I 224人
- ○ J AからIのいずれでもない

3 Check□□□

U大学の学生のうち、千葉出身者は何人か。

- ○ A 174人
- ○ B 175人
- ○ C 176人
- ○ D 186人
- ○ E 194人
- ○ F 202人
- ○ G 208人
- ○ H 221人
- ○ I 224人
- ○ J AからIのいずれでもない

問題4 下の表は、ある高校のクラスの生徒40人を身長と体重により分類した表である。なお、小数点以下を切り捨て、全ての生徒を分類表にあてはめた。

体重 ＼ 身長	~ 149	150 ~ 154	155 ~ 159	160 ~ 164	165 ~ 169	170 ~ 174	175 ~ 179	180 ~
~ 44	1							
45 ~ 49	1	2	4	2				
50 ~ 54		1	1	3	2	1		
55 ~ 59			2	1	3	1		
60 ~ 64				1	1	4	2	
65 ~ 69					1	2	1	1
70 ~							1	1

第2章 表の読み取り

1 Check □□□

身長が165cm以上の生徒はこのクラスの何％か（必要なときは、最後に小数第一位を四捨五入すること）。

- ○ A 50%
- ○ B 51%
- ○ C 52%
- ○ D 53%
- ○ E 54%
- ○ F 55%
- ○ G 56%
- ○ H 57%
- ○ I 58%
- ○ J AからIのいずれでもない

2 Check □□□

身長が170cm以上175cm未満の生徒の平均体重として考えられるうちで、最小のものはどれか（必要なときは、最後に小数第二位を四捨五入すること）。

- ○ A 56.5kg
- ○ B 57.9kg
- ○ C 58.7kg
- ○ D 59.4kg
- ○ E 61.9kg
- ○ F 62.5kg
- ○ G 63.9kg
- ○ H 64.7kg
- ○ I 65.4kg
- ○ J AからIのいずれでもない

3 Check □□□

体重が50kg以上55kg未満の生徒の平均身長としてあり得るものを選びなさい（必要なときは、最後に小数第二位を四捨五入すること）。

- ○ A 158.7cm
- ○ B 160.3cm
- ○ C 163.7cm
- ○ D 166.3cm
- ○ E 168.2cm
- ○ F 170.3cm
- ○ G 173.7cm
- ○ H 176.3cm
- ○ I 178.2cm
- ○ J AからIのいずれでもない

8 集合

ポイント 必要なデータだけの表を作る！

● アンケートなどの集計結果から、ある集合に属する人の人数を求める問題

調査項目	回答	男子	女子
犬が好きですか	はい	25	19
	いいえ	15	21
猫が好きですか	はい	18	28
	いいえ	22	12

回答	猫○	猫×	合計
犬○			25
犬×			15
合計	18	22	

男子に関する問題
⇒男子に関するデータだけを抽出

例題 Check □□□   出題頻度 ★★★   難易度 ★☆☆

ある学校で、兄弟・姉妹についてのアンケートを実施した。下表は、調査項目と集計結果の一部である。男子は40人、女子は60人が回答した。

調査項目	回答	男子	女子
兄弟がいますか	はい	18	22
	いいえ	22	38
姉妹がいますか	はい	14	26
	いいえ	26	34

男子では7人が、兄弟も姉妹もいると回答した。男子で兄弟だけいると回答した人は何人いるか。

○ A 6人   ○ B 7人   ○ C 8人   ○ D 9人
○ E 10人   ○ F 11人   ○ G 12人   ○ H 13人

60秒で解く！

①男子だけの表を作る

調査項目	回答	男子	女子
兄弟がいますか	はい	18	22
	いいえ	22	38
姉妹がいますか	はい	14	26
	いいえ	26	34

回答	姉妹○	姉妹×	合計
兄弟○			18
兄弟×			22
合計	14	26	

②空欄を埋める

	姉妹○	姉妹×	合計
兄弟○	7		18
兄弟×			22
合計	14	26	

**兄弟も姉妹も
いる男子が7人**

$18 - 7 = 11$

	姉妹○	姉妹×	合計
兄弟○	7	11	18
兄弟×			22
合計	14	26	

右上の表より、男子で兄弟だけいると回答した人は **11** 人なので、正解は **F** となります。

正解 **F**

第**2**章

集合

59

練習問題 集合

回答時間 **8** 分
解答・解説 ➡ 別冊8ページ

問題1

ある高校で、男子100人、女子80人を対象に、学習についてのアンケートを実施した。下表は、調査項目と集計結果の一部である。

調査項目	回答	男子	女子
あなたは理系ですか	はい	39	25
	いいえ	61	55
数学は得意ですか	はい	52	33
	いいえ	48	47

1 Check ☐☐☐

男子で、どちらも「はい」と回答した人が21人いた。どちらも「いいえ」と回答した男子は何人いるか。

- A 26人
- B 27人
- C 28人
- D 29人
- E 30人
- F 31人
- G 32人
- H 33人
- I 34人
- J AからIのいずれでもない

2 Check ☐☐☐

女子で、どちらも「いいえ」と回答した人が32人いた。どちらも「はい」と回答した女子は何人いるか。

- A 3人
- B 4人
- C 5人
- D 6人
- E 7人
- F 8人
- G 9人
- H 10人
- I 11人
- J AからIのいずれでもない

問題2

ある中学校で、1年生（男女とも60名）を対象に通信機器に関するアンケートを行った。下表は、調査項目と集計結果の一部である。

調査項目	回答	男子	女子
携帯電話を持っていますか	はい	17	31
	いいえ	43	29
パソコンを持っていますか	はい	22	44
	いいえ	38	16

1 Check ☐☐☐

女子でどちらも持っていると回答した人が21人いた。女子で携帯電話だけ持っている人は何人いるか。

○ **A** 10人 ○ **B** 11人 ○ **C** 12人 ○ **D** 13人
○ **E** 14人 ○ **F** 15人 ○ **G** 16人 ○ **H** 17人
○ **I** 18人 ○ **J** AからIのいずれでもない

2 Check ☐☐☐

男子でどちらも持っていないと回答した人が28人いた。男子でパソコンだけを持っている人は何人いるか。

○ **A** 13人 ○ **B** 14人 ○ **C** 15人 ○ **D** 16人
○ **E** 17人 ○ **F** 18人 ○ **G** 19人 ○ **H** 20人
○ **I** 21人 ○ **J** AからIのいずれでもない

問題3 ある学年120人のうち、自転車を持っている生徒は55%、スマートフォンを持っている生徒は40%、両方とも持っていない生徒は30%だった。

1 Check ☐☐☐

自転車とスマートフォンの両方を持っている生徒は何人か。

○ **A** 6人 ○ **B** 12人 ○ **C** 15人 ○ **D** 18人
○ **E** 24人 ○ **F** 30人 ○ **G** 33人 ○ **H** 36人
○ **I** 40人 ○ **J** AからIのいずれでもない

2 Check ☐☐☐

自転車だけを持っている生徒はスマートフォンだけを持っている生徒よりも何人多いか。

○ **A** 6人 ○ **B** 12人 ○ **C** 15人 ○ **D** 18人
○ **E** 24人 ○ **F** 30人 ○ **G** 33人 ○ **H** 36人
○ **I** 40人 ○ **J** AからIのいずれでもない

9 損益算

ポイント 利益 ＝ 売価 － 原価

●品物の売買に伴って生じる利益、原価、定価、売価などを求める問題

公式① 定価 ＝ 原価 ×（1 ＋ 見込利益率）
公式② 売価 ＝ 定価 ×（1 － 割引率）
公式③ 利益 ＝ 売価 － 原価

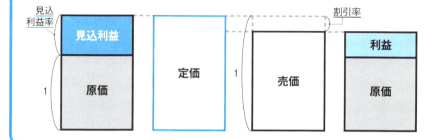

例題 Check □□□   出題頻度 ★★★ 難易度 ★★★

甲は商品を仕入れて、自己の店舗で販売している。

1 仕入れ値1300円の商品に500円の利益をのせて定価を決めた。この商品を定価の2割引で売ったときの商品1個あたりの利益はいくらか。

○ A　100円　　○ B　120円　　○ C　140円　　○ D　160円
○ E　180円　　○ F　200円　　○ G　AからFのいずれでもない

2 別の商品には500円の利益をのせて定価を決めた。この商品を定価の2割引で売ったところ、利益は商品1個あたり180円になった。このとき、この商品の仕入れ値はいくらか。

○ A　700円　　○ B　800円　　○ C　900円　　○ D　1000円
○ E　1100円　○ F　1200円　○ G　AからFのいずれでもない

60秒で解く！

1 まずは**定価**を計算します。
原価（＝仕入れ値）は1300円、
見込利益は500円なので、
定価は、
1300＋500＝1800（円）
となります。

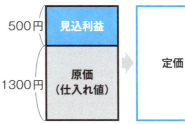

この商品を定価の2割引で売るので、**公式②**より、売価は
1800×（1－0.2）＝1800×0.8＝1440（円） となります。

公式② 売価 ＝ 定価 ×（1－割引率）
　　　　　　↑　　　↑
　　　　　1800円　　0.2　　**2割 ⇔ 0.2倍**

商品1個あたりの利益は、**公式③**より、
1440－1300＝140（円） となるので、正解はCです。

正解 C

---

2 仕入れ値（＝原価）を x 円とおくと、500円の見込利益をのせて売った場合の定価は（x＋500）円となります。この2割引が売価となるので、売価は**公式②**より
（x＋500）×（1－0.2）＝0.8x＋400
このときの利益が「商品1個あたり180円」になるので、
0.8x＋400 ＝ x ＋180
0.2x＝220
∴ x＝**1100**

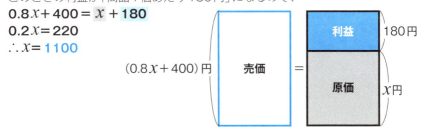

すなわち、仕入れ値は1100円となるので、正解はEです。

正解 E

練習問題 損益算

回答時間 **8** 分

解答・解説 ➡ 別冊9ページ

問題1
仕入れ値が1500円の商品を20個仕入れ、4割の利益を見込んで定価をつけた。

1 Check □□□
定価で全部売れた場合、利益は全体でいくらか。

- ○ A 10400円
- ○ B 10800円
- ○ C 11200円
- ○ D 11600円
- ○ E 12000円
- ○ F 12400円
- ○ G 12800円
- ○ H 13200円
- ○ I 13600円
- ○ J AからIのいずれでもない

2 Check □□□
12個は売れたが、残りは売れ残ったので、定価の2割引で売ってしまった。このときの利益は全体でいくらか。

- ○ A 8640円
- ○ B 8740円
- ○ C 8820円
- ○ D 8840円
- ○ E 8860円
- ○ F 8900円
- ○ G 8920円
- ○ H 8940円
- ○ I 9000円
- ○ J AからIのいずれでもない

問題2
仕入れ値が2000円の商品を30個仕入れ、3割の利益を見込んで定価をつけた。

1 Check □□□
定価でまったく売れなかったので、定価の1割引で売ったところ、すべて売り切れた。この場合、利益は全体でいくらか。

- ○ A 9000円
- ○ B 9300円
- ○ C 9600円
- ○ D 9900円
- ○ E 10200円
- ○ F 10500円
- ○ G 10800円
- ○ H 11100円
- ○ I 11400円
- ○ J AからIのいずれでもない

64

2 Check ☐☐☐

仕入れ数の5割は定価で売れたが、残りは売れ残ったので、定価の3割引で売ってしまった。このときの利益は全体でいくらか。

- ○ **A** 6230円
- ○ **B** 6280円
- ○ **C** 6300円
- ○ **D** 6350円
- ○ **E** 6400円
- ○ **F** 6420円
- ○ **G** 6480円
- ○ **H** 6520円
- ○ **I** 6560円
- ○ **J** AからIのいずれでもない

問題3 新しく販売する商品をとりあえず300個仕入れることにした。

1 Check ☐☐☐

仕入れ値に10％の利益を上乗せして定価を決めたところ、1個あたりの利益が20円になった。この商品の仕入れ値はいくらか。

- ○ **A** 150円
- ○ **B** 160円
- ○ **C** 180円
- ○ **D** 190円
- ○ **E** 200円
- ○ **F** 210円
- ○ **G** 220円
- ○ **H** 230円
- ○ **I** 240円
- ○ **J** AからIのいずれでもない

2 Check ☐☐☐

仕入れ値に10％の利益を上乗せして定価を決めたところ、1個あたりの利益が20円になった。この商品が240個売れたので、残りは仕入れ値の74％の値段で販売した。このとき、利益は総額で何円となるか。

- ○ **A** 1480円
- ○ **B** 1490円
- ○ **C** 1530円
- ○ **D** 1580円
- ○ **E** 1620円
- ○ **F** 1650円
- ○ **G** 1680円
- ○ **H** 1720円
- ○ **I** 1770円
- ○ **J** AからIのいずれでもない

10 料金の割引

ポイント：料金表を作って条件を整理する

●割引がある施設の入場料総額などを求める問題

例題

ある遊園地の入場料は大人2500円、子ども1500円である。大人は10人を超えた分については2割引、子どもは20人を超えた分について1割引になる。

1 大人20人、子ども30人の料金の総額はいくらか。

- A　87000円
- B　87850円
- C　88000円
- D　88350円
- E　88500円
- F　93500円
- G　AからFのいずれでもない

2 大人40人が20人ずつ2回に分かれて入場するときと、40人が一度に入場するときとでは、入場料の総額はいくら異なるか。

- A　1500円
- B　2500円
- C　4000円
- D　5000円
- E　10000円
- F　15000円
- G　AからFのいずれでもない

1 まずは、料金表を作って条件を整理します。

	人数	単価
大人	～10人	2500円
	11人～	2000円 ← 2500×0.8
子ども	～20人	1500円
	21人～	1350円 ← 1500×0.9

この表を見ながら、大人20人と子ども30人の料金の総額を計算します。

大人　　2500×10＋2000×10＝45000（円）
子ども　1500×20＋1350×10＝43500（円）

以上により、求める総額は、
45000＋43500＝88500（円）となります。

正解 **E**

2 双方の場合の総額を計算して差を求めることもできますが、次のように考えれば、時間を大幅に節約することができます。

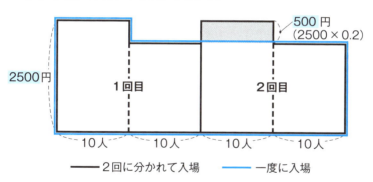

──2回に分かれて入場　　──一度に入場

上図の　　部分の面積が、求める差額になります。
従って、**500×10＝5000**（円）となります。

正解 **D**

練習問題 料金の割引

回答時間 **8** 分

解答・解説 ➡ 別冊10ページ

問題 1

ある植物園の入園料は大人500円、子ども300円である。大人は30人を超えた分については2割引、子どもは20人を超えた分について1割引になる。

1 Check ☐☐☐

大人10人、子ども40人、合計50人の料金の総額はいくらか。

○ A 10000円 　○ B 11300円 　○ C 11540円
○ D 12700円 　○ E 13210円 　○ F 14100円
○ G 15810円 　○ H 16400円 　○ I 18900円
○ J AからIのいずれでもない

2 Check ☐☐☐

大人40人、子ども50人、合計90人の料金の総額はいくらか。

○ A 13500円 　○ B 23300円 　○ C 27100円
○ D 27700円 　○ E 30400円 　○ F 31400円
○ G 33100円 　○ H 36500円 　○ I 37200円
○ J AからIのいずれでもない

問題 2

ある団体で、展覧会を見に行くことになった。絵画展の入場料は、1人2000円だが、20人を超す団体の場合、20人を超えた分については2割引となる。

1 Check ☐☐☐

入場料の総額を絵画展に行く人数で割って、各人が同じ料金を払うようにする場合、1人あたり1700円払うことになるのは、何人で行くときか。

○ A 20人 　○ B 30人 　○ C 40人
○ D 45人 　○ E 50人 　○ F 60人
○ G 65人 　○ H 70人 　○ I 80人
○ J AからIのいずれでもない

2 Check ☐☐☐

入場料の総額を展覧会に行く人数で割って、各人が同じ料金を払うようにする場合、
1人あたり1650円払うことになるのは、何人で行くときか。

○ **A** 120人　　　○ **B** 130人　　　○ **C** 140人
○ **D** 145人　　　○ **E** 150人　　　○ **F** 160人
○ **G** 165人　　　○ **H** 170人　　　○ **I** 180人
○ **J** AからIのいずれでもない

問題3 ある映画館の入場料は、1人1500円である。この映画館では41
人以上の団体に対し、40人を超えた分について入場料を1割引に
する団体割引を行っている。

1 Check ☐☐☐

90人が45人ずつ2回に分けて入場するときと、90人が一度に入場するときとでは、
入場料の総額はいくら異なるか。

○ **A** 3500円　　　○ **B** 4000円　　　○ **C** 4200円
○ **D** 5000円　　　○ **E** 6000円　　　○ **F** 6500円
○ **G** 7000円　　　○ **H** 8500円　　　○ **I** 9000円
○ **J** AからIのいずれでもない

2 Check ☐☐☐

120人が60人ずつ2回に分けて入場するときと、120人が一度に入場するときと
では、入場料の総額はいくら異なるか。

○ **A** 3500円　　　○ **B** 4000円　　　○ **C** 4200円
○ **D** 5000円　　　○ **E** 6000円　　　○ **F** 6500円
○ **G** 7000円　　　○ **H** 8500円　　　○ **I** 9000円
○ **J** AからIのいずれでもない

第2章　料金の割引

11 割合

ポイント「全体の数」×「割合」＝「内訳の数」

● 公式に当てはめて計算する問題

40人の60%は何人？

⬇

| 全体の数 × 割合 ＝ 内訳の数 |

割合 ＝ 0.6倍

⬇

40人 × 0.6倍 ＝ 24人

例題 Check□□□ 出題頻度 ★★☆ 難易度 ★☆☆

ある高校の1年生には甲・乙2つのクラスがあり、それぞれの生徒はPQRSの4つの中学校の出身である。甲組の生徒の出身校は、P中学が20%、Q中学が50%、R中学が30%となっており、乙組の生徒の出身校は、R中学が60%、S中学が40%となっている。また、1年生の40%が甲組、60%が乙組に所属している。

R中学出身の1年生は全体の何%か。

○ A　12%　　○ B　24%　　○ C　36%　　○ D　48%

60秒で解く！

与えられた条件を図示すると次のようになり、**赤い部分が全体の何%となるのかを求めればよい**ことがわかります。なお、**1年生全体の人数**は与えられていないので、**1とおきます**。

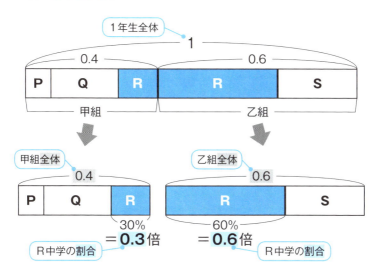

「全体の数」×「割合」＝「内訳の数」より、
甲組：**0.4 × 0.3 ＝ 0.12**
乙組：**0.6 × 0.6 ＝ 0.36**

よって、R中学出身者の割合は、
0.12 ＋ 0.36 ＝ 0.48 より 48% となるので、
正解は**D**となります。

正解 **D**

練習問題 割合

回答時間 **8** 分

解答・解説 ➡ 別冊11ページ

問題1 ある中学校の生徒200人のうち、35%は兄弟姉妹がいる生徒だった。

1 Check ☐☐☐

兄弟姉妹がいない生徒は何人いるか。

- ○ A 110人
- ○ B 115人
- ○ C 120人
- ○ D 125人
- ○ E 130人
- ○ F 135人
- ○ G 140人
- ○ H 145人
- ○ I 150人
- ○ J AからIのいずれでもない

2 Check ☐☐☐

兄弟姉妹がいる生徒のうち、男兄弟がいる人は40%だった。姉妹しかいない人は何人いるか。

- ○ A 40人
- ○ B 42人
- ○ C 44人
- ○ D 46人
- ○ E 48人
- ○ F 50人
- ○ G 52人
- ○ H 54人
- ○ I 56人
- ○ J AからIのいずれでもない

問題2 ある大富豪の邸宅の花壇には300本のバラが咲いており、そのうち40%が赤色の花で、赤色以外のバラのうち、20%が白色である。

1 Check ☐☐☐

赤色でも白色でもないバラは何本あるか。

- ○ A 132本
- ○ B 136本
- ○ C 140本
- ○ D 144本
- ○ E 148本
- ○ F 152本
- ○ G 156本
- ○ H 160本
- ○ I 164本
- ○ J AからIのいずれでもない

2 Check ☐☐☐

赤色のバラのうち、6割は昨年も花を咲かせたものだった。今年初めて赤色の花を咲かせたバラは何本あるか。

- ○ A 32本
- ○ B 36本
- ○ C 40本
- ○ D 44本
- ○ E 48本
- ○ F 52本
- ○ G 56本
- ○ H 60本
- ○ I 64本
- ○ J AからIのいずれでもない

問題3　ある大学の学生のうち、25％が理工学部に所属している。理工学部以外の学生は法学部か経済学部のいずれかに属しており、経済学部に所属する学生は法学部に所属する学生の2倍である。

1 Check ☐☐☐

法学部の学生はこの大学の学生数全体の何％になるか。

- ○ A　20％
- ○ B　25％
- ○ C　30％
- ○ D　35％
- ○ E　40％
- ○ F　45％
- ○ G　55％
- ○ H　60％
- ○ I　65％
- ○ J　AからIのいずれでもない

2 Check ☐☐☐

全学生数が920人だとすると、経済学部の学生は理工学部の学生より何人多いことになるか。

- ○ A　180人
- ○ B　190人
- ○ C　200人
- ○ D　210人
- ○ E　220人
- ○ F　230人
- ○ G　240人
- ○ H　250人
- ○ I　260人
- ○ J　AからIのいずれでもない

第2章

割合

12 速さの問題（時刻表）

ポイント 移動距離＝速さ×時間

● 時刻表を読み取り、移動距離や速度を求める問題

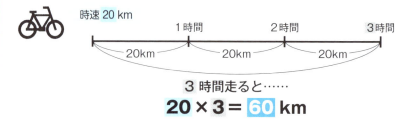

例題 Check □□□   出題頻度 ★★   難易度 ★☆☆

伊藤君は自転車でR地点を出発し、S地点を経由してT地点に到着した。そのときの出発および途中経過時刻は右図の通りである。

R地点発／14：10
S地点着／14：50
S地点発／15：05
T地点着／15：35

1 RT間が21kmだったとすると、伊藤君のRT間の走行時の平均速度はいくらか（休憩時間は除くものとする）。

○ A　時速15km　　○ B　時速16km　　○ C　時速17km
○ D　時速18km　　○ E　AからDのいずれでもない

2 伊藤君がRS間を平均時速15kmの速さで移動したとすると、RS間の距離はいくらか。

○ A　7.5km　　○ B　10.0km　　○ C　15.0km
○ D　17.5km　　○ E　AからDのいずれでもない

60秒で解く！

速さの問題を見たら、公式「**移動距離 = 速さ × 時間**」を利用することを考えます。

1 求めたいのは平均速度です。
移動距離はわかっているので、所要時間を求めます。

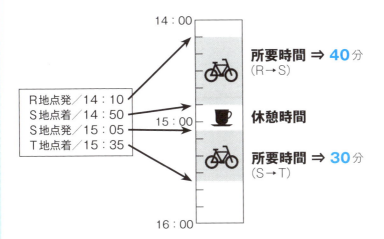

上図より、所要時間の合計は、**40 + 30 = 70**（分）= **70/60**（時間）
よって、平均速度を時速 x km とおくと、**21** = x × **(70/60)**
これを解くと、x = 21 ÷ (70/60) = **18**（km/時）

正解 **D**

2 求めたいのはRS間の**距離**です。
平均速度は時速 **15** km、所要時間は40（分）= 40/60（時間）なので、距離は、
15 × (40/60) = 10（km）となります。

正解 **B**

練習問題 速さの問題（時刻表） 回答時間 **8** 分

解答・解説 ➡ 別冊12ページ

問題1

路線バスでW駅を出発し、X駅とY駅を経由してZ駅に到着した。そのときの出発および途中経過時刻は右図の通りである。

W駅発	18：42
X駅着	19：17
X駅発	19：19
Y駅着	19：34
Y駅発	19：36
Z駅着	20：01

1 Check □□□

WX間が21kmだったとすると、この電車のWX間の平均速度はいくらか。

- ○ A　時速24km
- ○ B　時速30km
- ○ C　時速36km
- ○ D　時速42km
- ○ E　時速48km
- ○ F　時速54km
- ○ G　時速60km
- ○ H　時速66km
- ○ I　時速72km
- ○ J　AからIのいずれでもない

2 Check □□□

XZ間を走行時の平均時速54kmで運行したとすると、XZ間の距離はいくらか。

- ○ A　12km
- ○ B　18km
- ○ C　24km
- ○ D　30km
- ○ E　36km
- ○ F　42km
- ○ G　48km
- ○ H　54km
- ○ I　60km
- ○ J　AからIのいずれでもない

問題2

甲大学は駅伝にエントリーした。スタートして2つの中継所を経由し、ゴール地点に到着するという全3区間で順位を競う。そのときの出発および途中経過時刻は右図の通りである。

スタート地点	13：05
第一中継所	13：40
第二中継所	14：25
ゴール地点	14：50

1 Check □□□

甲大学は第一走者が平均時速12kmで、第二走者が平均時速9kmで走った。スタートから第二中継所までの距離はいくらか。

- ○ A　12.75km
- ○ B　13.25km
- ○ C　13.75km
- ○ D　14.25km
- ○ E　14.75km
- ○ F　15.25km
- ○ G　15.75km
- ○ H　16.25km
- ○ I　16.75km
- ○ J　AからIのいずれでもない

2 Check☐☐☐

全区間の距離が21kmだったとすると、甲大学の平均速度はいくらか。

- ○ **A**　時速6km
- ○ **B**　時速7km
- ○ **C**　時速8km
- ○ **D**　時速9km
- ○ **E**　時速10km
- ○ **F**　時速11km
- ○ **G**　時速12km
- ○ **H**　時速13km
- ○ **I**　時速14km
- ○ **J**　AからIのいずれでもない

問題3　児玉君は自転車で甲地点を出発し、乙地点を経由して丙地点に到着した。そのときの出発および途中経過時刻は右図の通りである。

| 甲地点発／08：45 |
| 乙地点着／09：30 |
| 乙地点発／09：45 |
| 丙地点着／10：25 |

1 Check☐☐☐

児玉君が甲乙間を時速16.8kmで走ったとすると、甲乙間の距離はいくらか。

- ○ **A**　8.4km
- ○ **B**　10.5km
- ○ **C**　12.6km
- ○ **D**　14.7km
- ○ **E**　16.8km
- ○ **F**　18.9km
- ○ **G**　21.0km
- ○ **H**　23.1km
- ○ **I**　25.2km
- ○ **J**　AからIのいずれでもない

2 Check☐☐☐

甲丙間が17kmだったとすると、児玉君の甲丙間の走行時の平均速度はいくらか(休憩時間は除くものとする)。

- ○ **A**　時速6km
- ○ **B**　時速7km
- ○ **C**　時速8km
- ○ **D**　時速9km
- ○ **E**　時速10km
- ○ **F**　時速11km
- ○ **G**　時速12km
- ○ **H**　時速13km
- ○ **I**　時速14km
- ○ **J**　AからIのいずれでもない

第2章　速さの問題(時刻表)

速さの問題（旅人算）

ポイント 出会い算は＋、追いかけ算は－

●異なる地点を出発した2人が出会うまでの時間や、一方が他方に追いつくまでの時間を求める問題

例題

PとQの2人が、1周21kmのサイクリングコースを走る。Pは時速24km、Qは時速18kmで走行し、2人の速度はそれぞれ常に一定であるものとする。

1 いまPとQは同じ地点にいて、反対方向に同時に走り出す。このとき、2人が再び出会うまでにかかる時間は何分か。

- ○ A　21分
- ○ B　30分
- ○ C　42分
- ○ D　90分
- ○ E　AからDのいずれでもない

2 いまPとQは同じ地点にいる。Pが出発してから45分後に、QがPと同じ方向に走り出すとすると、Pが最初にQに追いつくのはQが走り出してから何分後か。

- ○ A　6分後
- ○ B　12分後
- ○ C　30分後
- ○ D　42分後
- ○ E　AからDのいずれでもない

60秒で解く！

1 両者が**反対方向**に進みますので、**出会い算**です。
よって「**2人の距離**÷（Pの速さ＋Qの速さ）＝**出会うまでの時間**」の公式に当てはめます。

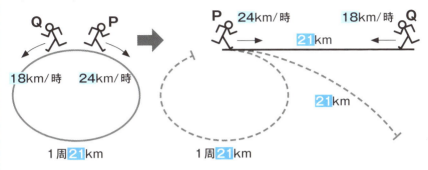

上図のとおり、2人の距離は21kmですので、求める時間は、
21÷（24＋18）＝1/2（時間）＝30（分）

正解 **B**

2 両者が**同一方向**に進みますので、**追いかけ算**です。
よって「**2人の距離**÷（Pの速さ－Qの速さ）＝**追いつくまでの時間**」の公式に当てはめます。
PとQの速さはわかっているので、2人の距離を求めます。
Pが45分間に進む距離は、**24×（45/60）＝18（km）**
です。よって、Qが走り出した時点での2人の距離は、
21－18＝3（km）となります。

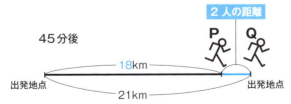

従って、求める時間は、追いかけ算の公式より、
3÷（24－18）＝1/2（時間）＝30（分）

正解 **C**

練習問題 速さの問題（旅人算）

回答時間 **8** 分

解答・解説 ➡ 別冊 **13** ページ

問題1

A地点とB地点を結ぶまっすぐな一本の道がある。甲はA地点からB地点に、乙はB地点からA地点へと向かって進んでいる。甲と乙は同時に出発し、甲は時速8km、乙は時速12kmである。

1 Check □□□

出発から3時間後に、甲は乙の前方40kmにいた。甲と乙が出会う場所は、B地点から何km離れているか。

- ○ **A** 56.5km
- ○ **B** 60.0km
- ○ **C** 60.5km
- ○ **D** 61.0km
- ○ **E** 62.5km
- ○ **F** 63.5km
- ○ **G** 64.0km
- ○ **H** 65.9km
- ○ **I** 66.0km
- ○ **J** AからIのいずれでもない

2 Check □□□

出発から15分後に、甲は乙の前方4kmにいた。甲がA地点を出発したのが11時15分だとすると、甲と乙が出会う時刻は何時何分か。

- ○ **A** 11：36
- ○ **B** 11：37
- ○ **C** 11：38
- ○ **D** 11：39
- ○ **E** 11：40
- ○ **F** 11：41
- ○ **G** 11：42
- ○ **H** 11：43
- ○ **I** 11：44
- ○ **J** AからIのいずれでもない

問題2

甲と乙の2人が、一周60kmの島の周回道路を原動機付き自転車に乗って走る。甲は時速30km、乙は20kmで走り、2人の速度はそれぞれ一定とする。

1 Check □□□

いま甲と乙は同じ位置にいて、反対方向に同時に走り出す。このとき、2人が再び出会うまでにかかる時間は何分か。

- ○ **A** 12分
- ○ **B** 24分
- ○ **C** 30分
- ○ **D** 40分
- ○ **E** 45分
- ○ **F** 60分
- ○ **G** 72分
- ○ **H** 75分
- ○ **I** 90分
- ○ **J** AからIのいずれでもない

2 Check☐☐☐

いま甲と乙は同じ地点にいる。甲が出発してから50分後に、乙が甲と同じ方向に走り出すとすると、甲が最初に乙に追いつくのは乙が走り出してから何分後か。

- ○ **A** 15分後
- ○ **B** 20分後
- ○ **C** 25分後
- ○ **D** 30分後
- ○ **E** 35分後
- ○ **F** 40分後
- ○ **G** 45分後
- ○ **H** 50分後
- ○ **I** 55分後
- ○ **J** AからIのいずれでもない

問題3 A地点とB地点を結ぶまっすぐな一本の道がある。甲はA地点からB地点に、乙はB地点からA地点へと向かって進んでいる。甲と乙は同時に出発し、甲は時速4.5km、乙は時速3kmである。甲と乙はAとBの中間点から300m離れたところで出会った。

1 Check☐☐☐

A地点とB地点の距離はどれだけか。

- ○ **A** 3000m
- ○ **B** 3100m
- ○ **C** 3200m
- ○ **D** 3300m
- ○ **E** 3400m
- ○ **F** 3500m
- ○ **G** 3600m
- ○ **H** 3700m
- ○ **I** 3800m
- ○ **J** AからIのいずれでもない

2 Check☐☐☐

甲と乙が出会うのは、出発してから何分後か。

- ○ **A** 20分
- ○ **B** 22分
- ○ **C** 24分
- ○ **D** 26分
- ○ **E** 28分
- ○ **F** 30分
- ○ **G** 32分
- ○ **H** 34分
- ○ **I** 36分
- ○ **J** AからIのいずれでもない

第**2**章

速さの問題（旅人算）

14 地図（縮尺）

ポイント 実際の距離×縮尺＝地図上の距離

● 地図上の距離から実際の面積を求めたり、実際の面積から地図上の距離を求める問題

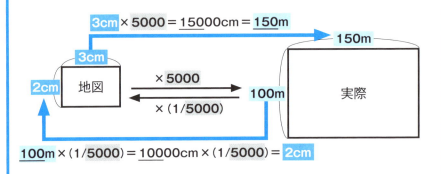

例題

図書館で市内の地図を用いて調べた。この地図の縮尺は1/5000である。

1 地図上で縦4cm、横3cmの長方形の区域の面積は、実際には何m²あるか。

- A 60000m²
- B 12000m²
- C 18000m²
- D 24000m²
- E 30000m²
- F 36000m²
- G 42000m²

2 3600m²の正方形の区域は、この地図上では一辺が何cmになるか。

- A 0.6cm
- B 0.8cm
- C 1cm
- D 1.2cm
- E 1.4cm
- F 1.6cm
- G 1.8cm

60秒で解く！

1 まずは、実際の距離を計算します。
　　縦　4cm × 5000 = 20000cm = 200m
　　横　3cm × 5000 = 15000cm = 150m
よって、求める面積は、200m × 150m = 30000m² なので、正解は E となります。

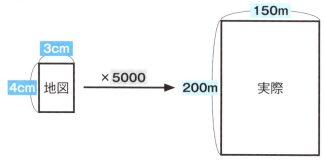

正解 E

2 もとの正方形の一辺の長さを x m とすると、$x^2 = 3600$
よって、$x = \sqrt{3600} = 60$m = 6000cm

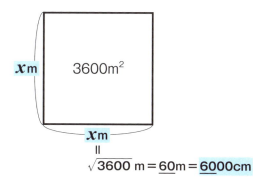

従って、地図上での長さを計算すると、**実際の距離 × 縮尺 = 地図上の距離** より、
6000 ×(1/5000)= 1.2 (cm)
よって、正解は D となります。

正解 D

練習問題 地図（縮尺）

回答時間 **8** 分

解答・解説 ➡ 別冊14ページ

問題1

学校の前には、その学区内の区域の地図の描かれた案内板が立っている。この地図の縮尺は1/5000である。

1 Check □□□

地図上で縦5cm、横6cmの長方形の区域は、実際には何m²あるか。

- ○ **A** 30000m²
- ○ **B** 45000m²
- ○ **C** 60000m²
- ○ **D** 75000m²
- ○ **E** 90000m²
- ○ **F** 105000m²
- ○ **G** 120000m²
- ○ **H** AからGのいずれでもない

2 Check □□□

10000m²の正方形の区域は、この地図上では一辺が何cmになるか。

- ○ **A** 0.5cm
- ○ **B** 1cm
- ○ **C** 1.5cm
- ○ **D** 2cm
- ○ **E** 2.5cm
- ○ **F** 3cm
- ○ **G** 3.5cm
- ○ **H** AからGのいずれでもない

問題2

瀬戸内海に浮かぶ島について、地図を用いて調べた。この地図の縮尺は1/5000である。

1 Check □□□

地図上で1辺が2cmの正方形の区域は、実際には何m²あるか。

- ○ **A** 5000m²
- ○ **B** 10000m²
- ○ **C** 15000m²
- ○ **D** 20000m²
- ○ **E** 25000m²
- ○ **F** 30000m²
- ○ **G** 35000m²
- ○ **H** AからGのいずれでもない

2 Check □□□

32000m²の長方形の区域について、地図上での縦の長さが4cmだった。横の長さは地図上で何cmになるか。

- ○ **A** 0.8cm
- ○ **B** 1.6cm
- ○ **C** 2.4cm
- ○ **D** 3.2cm
- ○ **E** 4cm
- ○ **F** 4.8cm
- ○ **G** 5.6cm
- ○ **H** AからGのいずれでもない

兄の持っている市内の地図を見た。この地図の縮尺は1/25000である。

1 Check □□□

地図上で縦2cm、横4cmの長方形の区域は、実際には何m^2あるか。

- ○ A　50000m^2
- ○ B　100000m^2
- ○ C　250000m^2
- ○ D　500000m^2
- ○ E　1000000m^2
- ○ F　2500000m^2
- ○ G　5000000m^2
- ○ H　AからGのいずれでもない

2 Check □□□

160000m^2の正方形の区域は、この地図上では一辺が何cmになるか。

- ○ A　0.6cm
- ○ B　0.8cm
- ○ C　1cm
- ○ D　1.2cm
- ○ E　1.4cm
- ○ F　1.6cm
- ○ G　1.8cm
- ○ H　AからGのいずれでもない

15 地図（方位）

ポイント 基準地点を中心に方位図をかく！

●地点Ａが、地点Ｂから見てどの方角にあるかを考える問題

> 地点Ｐで **北西** を向いて立つ ⇒ **左** の方向に 小学校 がある
> 小学校は地点Ｐから見てどの方角？

①方位図に位置関係を書き込む ➡ ②小学校の方角を読み取る

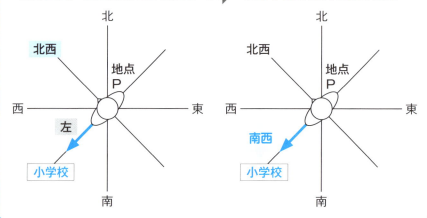

例題 Check □□□　　出題頻度 ★★☆　難易度 ★★☆

太郎君の家から見て、南西の方角に富士山が見える。富士山に向かって立つと、右の方向に郵便局があり、左の方向に図書館がある。

1 郵便局は太郎君の家から見てどの方角か。

- ○ A　東
- ○ B　西
- ○ C　南
- ○ D　北
- ○ E　南東
- ○ F　南西
- ○ G　北東
- ○ H　北西

2 図書館は郵便局から見てどの方角か。

- ○ A　東
- ○ B　西
- ○ C　南
- ○ D　北
- ○ E　南東
- ○ F　南西
- ○ G　北東
- ○ H　北西

60秒で解く！

基準となる地点を方位図の中心に置き、位置関係を書き込みます。問題文に複数回登場するものを基準地点に選ぶのがコツです。

1 まずは、太郎君の家を基準として方位図をかきます。
次に、富士山が見える**南西**の方角に向かって立つと、**右側**に郵便局、左側に図書館があることを書き込みます。
すると、郵便局は太郎君の家から見て**北西**の方角にあることが読み取れますので、正解は**H**となります。

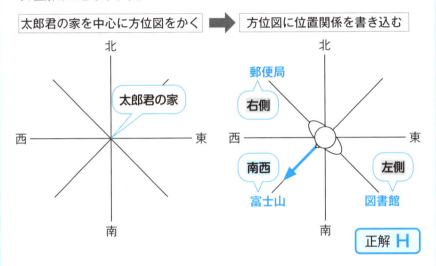

2 **1**でかいた図を利用します。郵便局から見ると、図書館は太郎君の家をはさんで反対側、つまり**南東**の方角にあることがわかります。よって、正解は**E**となります。

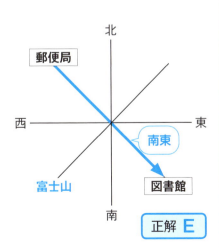

練習問題 地図（方位）

回答時間 **8** 分

解答・解説 ➡ 別冊16ページ

問題1

P市では、市役所を中心に、東西方向と南北方向に200m間隔で碁盤の目のように道路が整備されている。市役所から西に交差点2つ分歩いたのち、右に曲がって交差点2つ分進んだところにデパートがある。また、市役所からデパートの方向を見たときに、真後ろに映画館があり、左に美術館がある。なお、市役所からデパート、映画館、美術館までの距離はすべて等しいものとする。

1 Check ☐☐☐

映画館は市役所から見てどの方角か。

○ **A** 東　　　　○ **B** 西　　　　○ **C** 南　　　　○ **D** 北
○ **E** 南東　　　○ **F** 南西　　　○ **G** 北東　　　○ **H** 北西

2 Check ☐☐☐

市役所は美術館から見てどの方角か。

○ **A** 東　　　　○ **B** 西　　　　○ **C** 南　　　　○ **D** 北
○ **E** 南東　　　○ **F** 南西　　　○ **G** 北東　　　○ **H** 北西

問題2

会社から真東の方向に200m歩いたのち、左に直角に曲がってさらに200m歩いたところに銀行がある。また、銀行から見て真西の方向にコンビニエンスストアがある。なお、コンビニエンスストアから会社までの距離と、会社から銀行までの距離は等しいものとする。

1 Check ☐☐☐

会社は銀行から見てどの方角か。

○ **A** 東　　　　○ **B** 西　　　　○ **C** 南　　　　○ **D** 北
○ **E** 南東　　　○ **F** 南西　　　○ **G** 北東　　　○ **H** 北西

2 Check ☐☐☐

会社はコンビニエンスストアから見てどの方角か。

○ **A** 東　　　　○ **B** 西　　　　○ **C** 南　　　　○ **D** 北
○ **E** 南東　　　○ **F** 南西　　　○ **G** 北東　　　○ **H** 北西

問題3 ある小学校からは、警察署、消防署、駅の３つがまったく同じ距離であることがわかった。小学校から見れば駅は南東の方向にある。また、警察署は消防署から見れば真南の方向にあり、駅から見れば真西の方向にある。

1 Check ☐☐☐

警察署は小学校から見てどの方角か。

- ○ A 東
- ○ B 西
- ○ C 南
- ○ D 北
- ○ E 南東
- ○ F 南西
- ○ G 北東
- ○ H 北西

2 Check ☐☐☐

消防署は駅から見てどの方角か。

- ○ A 東
- ○ B 西
- ○ C 南
- ○ D 北
- ○ E 南東
- ○ F 南西
- ○ G 北東
- ○ H 北西

第2章 地図（方位）

16 長文読み取り計算

ポイント 重要な数値をメモしながら読む

● 長文から読み取った数値の計算結果を利用し、正しい記述を選ぶ問題

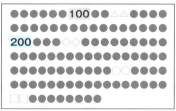

メモ化

	S.25	S.33	S.55
女性	100	○○	200
男性	△△	□□	◇◇

ア 女性の人数は30年間で2倍になった。

200÷100＝2 ⇒ 正しい！

例題　Check □□□　出題頻度 ★★☆　難易度 ★★☆

次の長文を読んで、各設問に答えなさい。

　小学校の教員数は、昭和25年には30万6千人であったが、55年には46万8千人と増加した。昭和25年から33年までの増加はいわゆる第1次ベビーブームによる児童数の増加に対応したものであり、40年代以後の増加は児童数の増加への対応のほか、学級編制の改善及び教員配置率の改善等によるものである。教員1人当たり児童数をみると、昭和28年から33年にかけては、児童数の増加が教員数の増加を上回ったため最終的に37.1人にまで増加したが、その後学級編制基準の改善等により減少傾向を示し、55年には25.3人となっている。　　　　　　　　　　　　　　　　（文部科学省「文部科学白書」）

1 次のうち、正しいものはどれか。

　　ア　小学校の教員数は、30年間で約1.5倍に増加した。
　　イ　昭和28年には、教員1人当たりの児童数は37.1人に達していた。
　　ウ　第1次ベビーブームにより小学校が増加し、教員も大幅に増加することになった。

○ **A**　アだけ　　　　○ **B**　イだけ　　　　○ **C**　ウだけ　　　　○ **D**　アとイ
○ **E**　アとウ　　　　○ **F**　イとウ

2 昭和55年における小学校の児童数はおおよそ何人か。

○ **A**　1121万人　　　○ **B**　1142万人　　　○ **C**　1163万人
○ **D**　1184万人　　　○ **E**　1205万人

3 次のうち、正しいものはどれか。

　　カ　小学校の教員数は、昭和25年以降毎年増加した。
　　キ　昭和33年には、小学校の児童数が1135万人以上だった。
　　ク　昭和55年における小学校の数がわかれば、その年における小学校1
　　　　校当たりの児童数も計算できる。

○ **A**　カだけ　　　　○ **B**　キだけ　　　　○ **C**　クだけ　　　　○ **D**　カとキ
○ **E**　カとク　　　　○ **F**　キとク

90秒で解く！

まず、問題を解くのに**必要となりそうな数値**をメモしながら長文を読みます。
表や図にすると、後で活用しやすくなります。

	S.25	S.28	S.33	S.55
教員数	**30.6万**			**46.8万**
1人当たり児童数			37.1	25.3

1 表を参照しながら、各記述の正誤を判定します。

　　ア　小学校の教員数が、昭和25年から昭和55年までの30年間で、何倍に
　　　　なったかを計算すると、
　　　　46.8÷30.6＝1.5…
　　　　よって、アは正しいといえます。

第**2**章

長文読み取り計算

91

イ　教員１人当たりの児童数が**37.1**人に達したのは、昭和28年ではなく、昭和33年です。よって、イは**誤っています**。

ウ　第１次ベビーブームにより、教員は大幅に増加していますが**小学校が増加**したという記述はありません。よって、ウは**誤っています**。

以上より、正しい記述は**アだけ**なので、**A**が正解です。

正解 **A**

2　昭和55年の欄を見ると、教員数は**46.8万**人、教員１人当たりの児童数は**25.3**人です。

	S.25	S.28	S.33	S.55
教員数	30.6万			**46.8万**
１人当たり児童数			37.1	**25.3**

よって、昭和55年の児童数は、**25.3×46.8万＝1184.04万**（人）となりますので、正解は**D**です。

正解 **D**

3　**2**の結果を表に追加し、これを参照しながら、各記述の正誤を判定します。

	S.25	S.28	S.33	S.55
教員数	30.6万			46.8万
１人当たり児童数			37.1	25.3
児童数				**1184万**

カ　小学校の教員数は、昭和25年よりも昭和55年のほうが多くなっています。しかし、この間、**毎年**増加したかどうかは、この表からはわかりません。よって、カは**誤っています**。

キ　昭和33年は、教員１人当たりの児童数については記載がありますが、**教員数**の記載がないため、**児童数**を計算することができません。よって、キは**誤っています**。

ク　「**小学校１校当たりの児童数＝児童数÷小学校の数**」です。昭和55年の児童数はわかっているので、この年における小学校の数がわかれば、小学校１校当たりの児童数を計算できます。よって、クは**正しい**といえます。

以上より、正しい記述は**クだけ**なので、**C**が正解です。

正解 **C**

練習問題 長文読み取り計算

回答時間 **9** 分
解答・解説 → 別冊17ページ

問題 1

次の長文を読んで、各設問に答えなさい。

　P大学では毎年入学試験を行っている。新学部の開設と定員の増加に伴い、平成23年から平成25年にかけて、全体の合格者数が著しく増加した。
　その内容を詳しく見てみると、合格者数は平成23年が200人だったのに対して、平成24年には400人となり、平成25年には700人へと段階的に増えたのである。
　逆に、この間の受験者数は平成23年が1800人だったのに対して、平成24年は1600人、平成25年には1400人と年々減少している。これは少子化に伴う単純な人口減と、隣接するQ大学の人気が一段と増したことによるものと推定されている。
　合格者数は特に女性の人数が伸びており、平成23年は合格者全体の2割にすぎなかったのが、平成24年は合格者全体の3割に、そして平成25年に至っては合格者全体の4割へと急増している。これの原因については判明していないため、現在調査中である。

1 Check ☐☐☐

P大学の入学試験について、文中で述べられていることと一致するものはどれか。
　ア　入学試験の合格率は平成24年が最も低かった。
　イ　平成24年の合格者数の対前年増加率は、平成25年のそれよりも小さい。
　ウ　平成24年の女性の合格者数は100人以上だった。

- A　アだけ
- B　イだけ
- C　ウだけ
- D　アとイ
- E　アとウ
- F　イとウ

2 Check ☐☐☐

P大学の入学試験の男性合格者数は、平成23年から平成25年にかけてどのように変化したか。

- A　ほとんど変化がない
- B　60人増えている
- C　100人増えている
- D　2倍以上に増えている
- E　5倍以上に増えている

3 Check ☐☐☐

P大学の入学試験について、文中で述べられていることと一致するものはどれか。
　カ　平成24年の男性合格者数よりも平成25年の女性合格者数のほうが少ない。
　キ　平成23年の男性合格者数よりも平成24年の女性合格者数のほうが少ない。
　ク　平成23年の男性合格者数よりも平成25年の女性合格者数のほうが多い。

- A　カだけ
- B　キだけ
- C　クだけ
- D　カとキ
- E　カとク
- F　キとク

問題2 次の長文を読んで、各設問に答えなさい。

　世界の年間水使用量は1950年に約1,400km^{3}であったものが、2000年には約4,000km^{3}と約2.9倍に増えています。これは、琵琶湖の水量約27.5km^{3}の144倍に当たります。さらに、2025年には約5,200km^3、2000年の約1.3倍に増加する見込みです。

　人間が必要とする水需要量に対して、地球全体では水資源賦存量は足りていますが、地域によって偏在していることが問題です。ＵＮＤＰの「人間開発報告書2006」によると、開発途上国に住む5人に1人（約11億人）が、国際基準である「家庭から安全な水源まで1km以内、1日20リットル以上の安全な水」を確保できない状況にあり、近場の不衛生な水を利用して病気を患い、命を失うこともあるとしています。

（平成22年度版　図でみる環境白書）

1 Check □□□

開発途上国に住んでいる人間はおよそ何人と考えられるか。

○ **A** 　11億人
○ **B** 　20億人
○ **C** 　27.5億人
○ **D** 　43億人
○ **E** 　55億人

2 Check □□□

2025年における世界の年間水使用量は、琵琶湖の水量の約何倍に相当するか。

○ **A** 　170倍
○ **B** 　180倍
○ **C** 　190倍
○ **D** 　200倍
○ **E** 　210倍

問題3 次の長文を読んで、各設問に答えなさい。

「青い惑星」といわれる地球は、約14億km^{3}とされる水によって表面の70%が覆われています。そのうち、97.5%は塩水で、淡水は残りの2.5%にすぎません。しかも、淡水のおおよそ70%が氷河・氷山として固定されており、残りの30%のほとんどは土中の水分あるいは地下深くの帯水層の地下水となっています。そのため、人間が利用しやすい河川や湖沼に存在する地表水は淡水のうち約0.4%です。これは、地球上のすべての水のわずか0.01%に当たり、そのうち約10万km^{3}だけが、降雨や降雪で再生され、持続的に利用可能な状態にあります。（中略）

世界の水資源は偏在しており、安全な水と衛生施設が利用できない人々は、主にアジア、アフリカ地域に集中しています。UNICEF及びWHOにおける調査結果によると、2008年に世界中で安全な水を利用できない人々が約8.8億人おり、アジア地域は約4.7億人（53%）を占めています。また、衛生設備がない地域に住んでいる人々が約25億人おり、アジア地域は約18億人（70%）と、いずれも大きな割合を占めています。こうした"水"と"衛生"の問題によって、毎年180万人もの子どもたちが死亡しています。これらは人類における最も重大な問題の一つであるといえます。

（平成22年度版　図でみる環境白書）

1 Check □□□

人間が利用しやすい河川や湖沼に存在する地表水は、およそ何km^{3}か。

○ **A**　1.4億km^3　　　○ **B**　1400万km^3　　　○ **C**　140万km^3
○ **D**　14万km^3　　　○ **E**　1.4万km^3

2 Check □□□

氷河・氷山として固定されている淡水は、およそ何km^{3}か。

○ **A**　245億km^3　　　○ **B**　2.45億km^3　　　○ **C**　0.245億km^3
○ **D**　0.0245億km^3　　　○ **E**　0.00245億km^3

3 Check □□□

アジア以外の地域で、安全な水を利用できない人々は、およそ何人か。

○ **A**　4.1億人　　　○ **B**　4.7億人　　　○ **C**　8.8億人
○ **D**　17億人　　　○ **E**　34億人

17 分割払い

 支払い総額を「1」とおく！

●分割払いの残額が総額に占める割合などを求める問題

- 1回目：総額の 1/4 を支払う
- 2回目：1回目の 2/3 を支払う
⇒残額は支払い総額のどれだけにあたる?

全体を「**1**」とおく

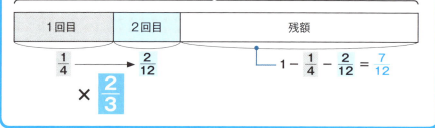

例題 Check ☐☐☐　出題頻度 ★★　難易度 ★☆☆

ある人が乗用車を購入した。購入と同時に総額の3分の1を支払い、2回目に初回の支払い金額の9分の2にあたる額を支払った。

1 3回目に残り全部を支払うとすると、3回目の支払い金額は支払い総額のどれだけにあたるか。ただし、利子はかからないものとする。

○ A　4/9　　○ B　8/9　　○ C　16/27　　○ D　20/27

2 3回目に支払い総額の9分の2だけを支払うとすると、支払い残額は支払い総額のどれだけにあたるか。ただし、利子はかからないものとする。

○ A　2/9　　○ B　10/27　　○ C　2/3　　○ D　14/27

60秒で解く!

1 支払い総額を1とおくと、2回目の支払い金額は**1回目の支払い金額の2/9**にあたるので、支払い総額に占める割合は、
1/3 × 2/9 = 2/27
よって、3回目の支払い金額が支払い総額に占める割合は、
1 − 1/3 − 2/27 = 16/27

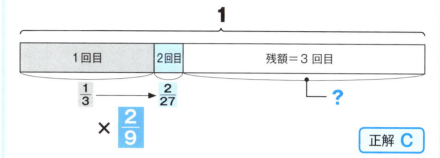

正解 C

2 前問の結果より、2回目を支払った直後の残額は、支払い総額の**16/27**です。ここから**支払い総額の2/9を支払う**ので、支払い残額は、
16/27 − 2/9 = 10/27

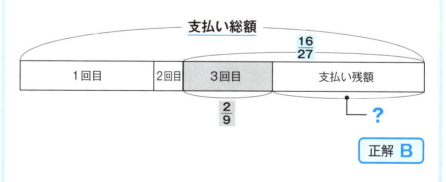

正解 B

練習問題 分割払い

回答時間 **8** 分

解答・解説 ➡ 別冊18ページ

問題1

ピアノを購入したときに支払いを12回払いにした。ボーナスの月（6月と12月）には代金の5分の1ずつ、その他の月には残りの額を均等に支払うものとする。なお、支払いは5月から始め、分割払いの手数料や利子は考えないものとする。

1 Check □□□

11月の支払代金は全体のいくらか。

- ○ A 1/50
- ○ B 1/25
- ○ C 3/50
- ○ D 2/25
- ○ E 1/10
- ○ F 3/25
- ○ G 7/50
- ○ H 4/25
- ○ I 9/50
- ○ J AからIのいずれでもない

2 Check □□□

11月の支払いが終わった時点で、代金全体のどれだけを支払ったことになるか。

- ○ A 1/2
- ○ B 13/25
- ○ C 27/50
- ○ D 14/25
- ○ E 29/50
- ○ F 3/5
- ○ G 31/50
- ○ H 16/25
- ○ I 33/50
- ○ J AからIのいずれでもない

問題2

ある人が海外旅行に行くことにした。旅行代理店での予約と同時に総額の2/9を支払い、2回目に初回の支払い額の1/4にあたる額を支払った。

1 Check □□□

3回目に残り全部を支払うとすると、3回目の支払い金額は支払い総額のどれだけにあたるか。ただし、利子はかからないものとする。

- ○ A 1/3
- ○ B 7/18
- ○ C 4/9
- ○ D 1/2
- ○ E 5/9
- ○ F 11/18
- ○ G 2/3
- ○ H 13/18
- ○ I 7/9
- ○ J AからIのいずれでもない

2 Check □□□

3回目に支払い総額の1/3だけを支払うとすると、支払い残額は支払い総額のどれだけにあたるか。ただし、利子はかからないものとする。

- ○ A 1/3
- ○ B 7/18
- ○ C 4/9
- ○ D 1/2
- ○ E 5/9
- ○ F 11/18
- ○ G 2/3
- ○ H 13/18
- ○ I 7/9
- ○ J AからIのいずれでもない

問題3 携帯電話を購入したときに支払いを12回払いにした。ボーナスの月（6月と12月）には代金の9分の1ずつ、その他の月には残りの額を均等に支払うものとする。なお、支払いは5月から始め、分割払いの手数料や利子は考えないものとする。

1 Check ☐☐☐

8月の支払代金は全体のいくらか。

- ○ A　1/90
- ○ B　1/45
- ○ C　1/30
- ○ D　2/45
- ○ E　1/18
- ○ F　1/15
- ○ G　7/90
- ○ H　4/45
- ○ I　1/10
- ○ J　AからIのいずれでもない

2 Check ☐☐☐

翌年3月の支払いが終わった時点で、代金全体のどれだけ支払ったことになるか。

- ○ A　77/90
- ○ B　39/45
- ○ C　70/90
- ○ D　8/9
- ○ E　81/90
- ○ F　41/45
- ○ G　83/90
- ○ H　14/15
- ○ I　17/18
- ○ J　AからIのいずれでもない

第2章

分割払い

99

18 代金の精算

 1人あたりの負担額に着目！

● 「貸し借り」の代金を精算する問題

● 立て替え額は、Lが2400円、Mが2100円
● 精算のとき、NはLに**700**円、Mに**いくらか**支払う
⇒ 1人あたりの負担額は？

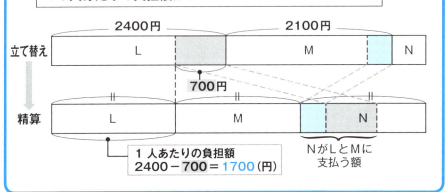

例題 Check □□□ 出題頻度 ★★☆ 難易度 ★★☆

L、M、Nの3人が、Aのために結婚祝いをした。Lは11000円のプレゼントを購入した。Mは7000円の花束を用意した。これを前提として、以下の各問に答えなさい。

1 この時点で、3人で同額ずつ負担するとすれば、NはLにいくら支払えばよいか。

○ A　1000円　　○ B　3000円　　○ C　5000円　　○ D　7000円

2 精算しないうちに、3人がAの家に行き、その際、Nがタクシー代を立て替えた。精算する際、NはLに4600円支払った。Mにはいくら支払ったか。

○ A　600円　　○ B　800円　　○ C　1000円　　○ D　1200円

まずは、1人あたりの負担額を計算します。

1 Lは11000円、Mは7000円を立て替えていますので、この時点での支出総額は、**11000＋7000＝18000**（円）です。
これを3人で同額ずつ負担しますので、1人あたりの負担額は、
18000÷3＝6000（円）となります。
したがって、NがLに支払った金額は、**11000－6000＝5000**（円）となるので、正解は**C**となります。

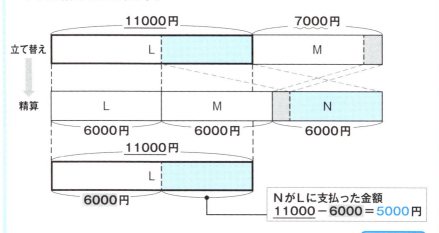

正解 **C**

2 NがLに4600円支払ったということは、1人あたりの負担額は、**11000－4600＝6400**（円）ということになります。したがって、NがMに支払った金額は、**7000－6400＝600**（円）となります。

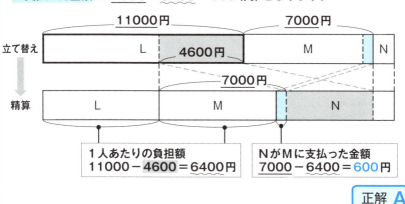

正解 **A**

第2章 代金の精算

101

練習問題 代金の精算

回答時間 **8** 分

解答・解説 ➡ 別冊19ページ

問題 1

L、M、Nの3人が、Aの新築祝いのプレゼントを買うために隣町のデパートに出かけた。Lはデパートまでのタクシー代を支払い、Mはデパートで9000円の置時計を買った。Nは12000円の商品券を買った。精算する際、LはMに1000円支払った。

1 Check ☐☐☐

Nにはいくら支払ったか。

- ○ **A** 1500円
- ○ **B** 1800円
- ○ **C** 2300円
- ○ **D** 2500円
- ○ **E** 3600円
- ○ **F** 3800円
- ○ **G** 3900円
- ○ **H** 4000円
- ○ **I** 4100円
- ○ **J** AからIのいずれでもない

2 Check ☐☐☐

Lの支払ったタクシー代はいくらだったか。

- ○ **A** 1000円
- ○ **B** 2000円
- ○ **C** 3000円
- ○ **D** 4000円
- ○ **E** 5000円
- ○ **F** 6000円
- ○ **G** 7000円
- ○ **H** 8000円
- ○ **I** 9000円
- ○ **J** AからIのいずれでもない

問題 2

L、M、Nの3人が海岸で花火をすることになり、近所のコンビニエンスストアに花火を買いに出かけた。Lは花火代として5150円支払った。MもLとは別の種類の花火を買い、その代金を支払った。精算しないうちに、3人は公園までタクシーに乗り、その際、Nがタクシー代2370円を立て替えた。最後に代金の精算をする際、MはLに1760円支払った。

1 Check ☐☐☐

精算の際、NはLに何円支払ったか。

- ○ **A** 500円
- ○ **B** 510円
- ○ **C** 520円
- ○ **D** 530円
- ○ **E** 540円
- ○ **F** 550円
- ○ **G** 560円
- ○ **H** 570円
- ○ **I** 580円
- ○ **J** AからIのいずれでもない

2 Check ☐☐☐

Mの買った花火の代金はいくらか。

○ **A** 800円 ○ **B** 880円 ○ **C** 960円
○ **D** 1040円 ○ **E** 1120円 ○ **F** 1200円
○ **G** 1280円 ○ **H** 1360円 ○ **I** 1440円
○ **J** AからIのいずれでもない

問題 3　L、M、Nの3人が旅行に出かけた。Lはホテル代を支払い、Mは3人分の電車賃として25800円支払った。途中で立ち寄った寿司屋での食事代27600円はNが立て替えた。旅行から帰ってきて、ホテル代と電車賃と食事代を同額ずつ負担することになり、MはLに2500円支払うことになった。

1 Check ☐☐☐

このとき、NはLに何円支払えばよいか。

○ **A** 500円 ○ **B** 600円 ○ **C** 700円
○ **D** 800円 ○ **E** 900円 ○ **F** 1000円
○ **G** 1100円 ○ **H** 1200円 ○ **I** 1300円
○ **J** AからIのいずれでもない

2 Check ☐☐☐

Lの支払ったホテル代はいくらか。

○ **A** 30000円 ○ **B** 30500円 ○ **C** 31000円
○ **D** 31500円 ○ **E** 32000円 ○ **F** 32500円
○ **G** 33000円 ○ **H** 33500円 ○ **I** 34000円
○ **J** AからIのいずれでもない

第2章　代金の精算

19 場合の数

組合せの公式を利用！

●組合せの公式を使って解く頻出問題

異なる7個の中から3個を選ぶ場合の数は？

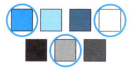

$$_7C_3 = \frac{\overset{3個}{\overbrace{7 \times 6 \times 5}}}{3 \times 2 \times 1}$$

【組合せの公式】

異なるn個の中からr個を選ぶ場合の数は、

$$_nC_r = \frac{n \times (n-1) \times \cdots \times (n-r+1)}{r \times (r-1) \times \cdots \times 1}$$

例題　Check □□□　　出題頻度 ★★☆　難易度 ★★☆

ある学生がレンタルDVD店でDVDを借りるとき、アニメ5本、ドラマ4本の中から好きなものを3本選ぶことにした。

1 アニメだけを3本選ぶとすると、その選び方は何通りあるか。

○ A　5通り　　○ B　10通り　　○ C　30通り　　○ D　60通り

2 アニメとドラマを少なくとも1本ずつ選ぶとすると、その選び方は何通りあるか。

○ A　50通り　　○ B　60通り　　○ C　70通り　　○ D　80通り

60秒で解く！

異なるn個の中からr個を選ぶ問題は、**組合せの公式**を利用するとスピーディーに解くことができます。

1 アニメ5本の中から3本を選ぶので、その選び方は

$$_5C_3 = \frac{\overset{3本}{\overbrace{5 \times 4 \times 3}}}{3 \times 2 \times 1} = 10 \text{（通り）}$$

となり、正解は**B**となります。

正解 **B**

2 「**少なくとも**」という表現を見たら「**全部の場合の数から、条件に合わない場合の数を引く**」のがコツです。こうすることにより、時間を節約できる場合が多いからです。

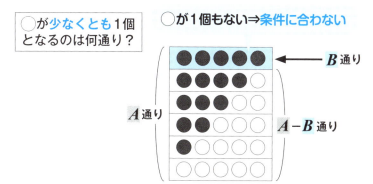

アニメ・ドラマ合わせて9本のDVDから3本を選ぶ場合の数は、

$$_9C_3 = \frac{9 \times 8 \times 7}{3 \times 2 \times 1} = 84 \text{（通り）}$$

一方、条件に合わない場合は、次のとおりです。
　ア　アニメだけを3本選ぶ：10通り（**1**より）
　イ　ドラマだけを3本選ぶ：$_4C_3 = 4$（通り）
ア、イより、求める場合の数は、84 − **10** − **4** = **70**（通り）
よって、正解は**C**となります。

正解 **C**

練習問題 場合の数

回答時間 **8** 分

解答・解説 ➡ 別冊20ページ

問題 1 あるレストランでメインとなるおかずを選ぶとき、和食9品、洋食4品の中から好きなものを3品選ぶことにした。

1 Check ☐☐☐

和食だけを3品選ぶとすると、その選び方は何通りあるか。ただし、それらを選んだ順番は考えないものとする。

- ○ **A** 20通り
- ○ **B** 28通り
- ○ **C** 36通り
- ○ **D** 45通り
- ○ **E** 54通り
- ○ **F** 60通り
- ○ **G** 64通り
- ○ **H** 70通り
- ○ **I** 84通り
- ○ **J** AからIのいずれでもない

2 Check ☐☐☐

和食と洋食をそれぞれ少なくとも1品は選び、全部で3品選ぶとすると、その選び方は何通りあるか。ただし、それらを選んだ順番は考えないものとする。

- ○ **A** 136通り
- ○ **B** 144通り
- ○ **C** 156通り
- ○ **D** 162通り
- ○ **E** 170通り
- ○ **F** 184通り
- ○ **G** 198通り
- ○ **H** 202通り
- ○ **I** 286通り
- ○ **J** AからIのいずれでもない

問題 2 ある家族が家具を買うとき、木製8品、鉄製4品の中から好きなものを3品選ぶことにした。

1 Check ☐☐☐

木製だけを3品選ぶとすると、その選び方は何通りあるか。

- ○ **A** 4通り
- ○ **B** 6通り
- ○ **C** 12通り
- ○ **D** 15通り
- ○ **E** 24通り
- ○ **F** 30通り
- ○ **G** 35通り
- ○ **H** 56通り
- ○ **I** 84通り
- ○ **J** AからIのいずれでもない

2 Check □□□

木製と鉄製をそれぞれ少なくとも1品は選び、全部で3品選ぶとすると、その選び方は何通りあるか。

- A 36通り
- B 60通り
- C 84通り
- D 96通り
- E 112通り
- F 120通り
- G 144通り
- H 160通り
- I 220通り
- J AからIのいずれでもない

以下のような旗があり、これを赤・青・白・緑の4色で塗りたい。ただし、互いに辺で接する領域には同じ色を使わないものとする。

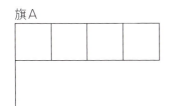

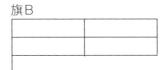

1 Check □□□

旗Aの色の塗り方は何通りあるか。ただし、4色すべてを使わなくてもよい。

- A 36通り
- B 48通り
- C 72通り
- D 84通り
- E 96通り
- F 108通り
- G 144通り
- H 192通り
- I 256通り
- J AからIのいずれでもない

2 Check □□□

旗Bの色の塗り方は何通りあるか。ただし、4色すべてを使わなくてもよい。

- A 6通り
- B 12通り
- C 16通り
- D 24通り
- E 36通り
- F 48通り
- G 72通り
- H 84通り
- I 96通り
- J AからIのいずれでもない

20 確率（和・積の法則）

ポイント　表を作って条件を整理！

● 2つの事象のうち一方だけが起こる確率や、いずれも起こらない確率などを求める問題

P かつ Q → Pの確率 × Qの確率 …… **積の法則**
P または Q → Pの確率 ＋ Qの確率 …… **和の法則**
Pが起こらない → 1 － Pの確率

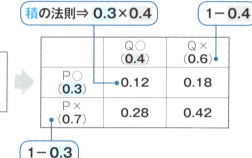

例題　Check □□□　出題頻度 ★★☆　難易度 ★☆☆

ある人が2つの県営住宅の公募抽選に応募した。物件甲の抽選に当選する確率が0.1、物件乙の抽選に当選する確率が0.2である。

1 いずれの抽選にも当選しない確率はいくらか。

○ A　0.02　　　○ B　0.08　　　○ C　0.18　　　○ D　0.72

2 いずれか一方の抽選だけに当選する確率はいくらか。

○ A　0.26　　　○ B　0.28　　　○ C　0.72　　　○ D　0.74

60秒で解く!

まずは、条件を整理する表を作ります。

乙に当選しない ⇒ 1−0.2

	乙○ (0.2)	乙× (0.8)
甲○ (0.1)		
甲× (0.9)		

甲に当選しない ⇒ 1−0.1

積の法則 ⇒ 0.1×0.2

	乙○ (0.2)	乙× (0.8)
甲○ (0.1)	0.02	0.08
甲× (0.9)	0.18	0.72

第2章 確率（和・積の法則）

1 「いずれの抽選にも当選しない」ということは、「甲に当選しない」かつ「乙に当選しない」ということです。従って、さきに作った表より、求める確率は 0.72 となるので、正解は D となります。

	乙○ (0.2)	乙× (0.8)
甲○ (0.1)	0.02	0.08
甲× (0.9)	0.18	**0.72**

正解 D

2 「いずれか一方の抽選だけに当選する」は、右の表で「**甲○、乙×**」または「**甲×、乙○**」の部分にあたります。従って、求める確率は和の法則より、
0.08＋0.18＝0.26
となるので、正解は A となります。

	乙○ (0.2)	乙× (0.8)
甲○ (0.1)	0.02	**0.08**
甲× (0.9)	**0.18**	0.72

正解 A

109

練習問題 確率（和・積の法則）

回答時間 **8** 分

解答・解説 ➡ 別冊21ページ

問題 1

ある人が2問からなるクイズに挑戦した。このとき、第1問を正解する確率は0.6、第2問を正解する確率は0.4である。

1 Check ☐☐☐

2問とも正解できない確率はいくらか。

○ A　0.12　　　○ B　0.18　　　○ C　0.24　　　○ D　0.36
○ E　0.40　　　○ F　0.42　　　○ G　0.46　　　○ H　0.48
○ I　0.54　　　○ J　AからIのいずれでもない

2 Check ☐☐☐

2問のうち、1問だけ正解する確率はいくらか。

○ A　0.12　　　○ B　0.18　　　○ C　0.28　　　○ D　0.36
○ E　0.40　　　○ F　0.42　　　○ G　0.46　　　○ H　0.48
○ I　0.52　　　○ J　AからIのいずれでもない

問題 2

袋の中に赤玉3個と白玉4個が入っている。ここから玉を1個取り出して色を確認した後、袋に戻す。

1 Check ☐☐☐

1回目に白が出て、2回目に赤が出る確率はいくらか。

○ A　6/49　　　○ B　1/7　　　○ C　8/49　　　○ D　12/49
○ E　2/7　　　○ F　18/49　　　○ G　3/7　　　○ H　24/49
○ I　4/7　　　○ J　AからIのいずれでもない

2 Check ☐☐☐

この作業を3回繰り返した場合、赤玉が1回だけ出る確率はいくらか。

○ A　16/343　　　○ B　24/343　　　○ C　48/343　　　○ D　64/343
○ E　72/343　　　○ F　108/343　　　○ G　144/343　　　○ H　192/343
○ I　208/343　　　○ J　AからIのいずれでもない

ある大学生がバスケットボールのフリースローを2投続けて行った。このとき1投目が入る確率は0.7、2投目が入る確率は0.8であるとする。

1 Check □□□

2投とも入らない確率はどれだけか。

- A　0.06
- B　0.16
- C　0.24
- D　0.38
- E　0.44
- F　0.56
- G　0.70
- H　0.80
- I　0.94
- J　AからIのいずれでもない

2 Check □□□

1投だけが入る確率はどれだけか。

- A　0.06
- B　0.16
- C　0.24
- D　0.38
- E　0.44
- F　0.56
- G　0.70
- H　0.80
- I　0.94
- J　AからIのいずれでもない

21 資料の読み取り

要点を表にまとめながら読む！

● 資料を読み、各記述の正誤を判定する問題

要点をまとめる

送料	大阪	×××
	他県	×××
50000円超		0

記述の正誤を判定

ア ×××××××××× ⇒ ○
イ ×××××××××× ⇒ ×
ウ ×××××××××× ⇒ ○

例題　Check □□□　　出題頻度 ★☆☆　　難易度 ★★☆

大阪府にあるディスカウントショップでは、以下の規則に従って、購入した金額に応じた割引サービスを行っている。

買い物金額	通常商品	特価品
5000円未満	3%引き	割引なし
5000円以上1万円未満	10%引き	2%引き
1万円以上	15%引き	10%引き

このショップでは、電化製品はすべて特価品として販売されている。また、食料品はすべて通常商品として販売されている。
なお、商品を配送する場合には、配送先が大阪府内なら500円、それ以外は800円の送料がかかる。ただし、購入金額が50000円を超える場合には送料は無料となる。
さらに、このショップには1回200円で利用できる駐車場がある。ただし、購入金額が3000円を超える場合には100円で使用できる。さらに購入金額が20000円を超えるときには無料で駐車場を使うことができる。

以下のうち、正しいものはどれか。

- ア　大阪府に住む看護師がこの店で48000円の液晶テレビを購入し、自宅まで配送してもらうことになった。代金と送料を合計すると48500円となる。
- イ　奈良県に住む大学生が自動車でこの店に来店し、15000円の食料品を購入した。このとき代金と駐車場料金を合計すると12850円となる。
- ウ　和歌山県に住む弁護士が自動車でこの店に来店し、26000円の全自動洗濯機を購入した。洗濯機を自宅に配送してもらう場合、代金と送料と駐車場料金を合計すると24200円となる。

○ A　アだけ　　○ B　イだけ　　○ C　ウだけ
○ D　アとイ　　○ E　アとウ　　○ F　イとウ

90秒で解く！

資料は **表** の部分と **文章** の部分から成り立っています。表の部分はざっと眺めるだけにします。一方、文章の部分は、**要点を表にまとめながら**、じっくり読みます。

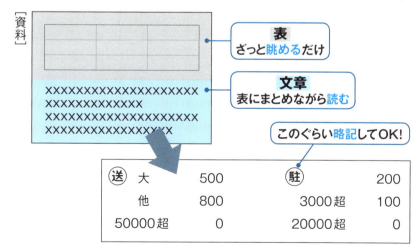

資料の表と自作の表を参照しながら、ア〜ウの正誤を判定します。

- ア　液晶テレビは電化製品なので**特価品**、48000円なので**1万円以上**です。

従って、資料の表より**10%引き**になりますので、代金は、**48000 × (1 − 0.1) = 43200**（円）です。

[資料の表]

買い物金額	通常商品	特価品
5000円未満	3%引き	割引なし
5000円以上1万円未満	10%引き	2%引き
1万円以上	15%引き	10%引き

液晶テレビ → 特価品

48000円 → 1万円以上

　一方、送料は、大阪府内なので、自作の表より**500円**となります。よって、代金と送料を合計すると、**43200 + 500 = 43700**（円）となるので、この記述は**誤っています**。

イ　15000円の食料品は**通常商品**なので、資料の表より**15%引き**です。よって、代金は**15000 × (1 − 0.15) = 12750**（円）です。
　一方、駐車場料金は、自作の表より**100円**です。よって、代金と送料を合計すると、**12750 + 100 = 12850**（円）となるので、この記述は**正しい**といえます。

ウ　全自動洗濯機は**特価品**で、**1万円以上**なので**10%引き**です。送料は、大阪府内ではないので**800円**、駐車場料金は、購入金額が20000円を超えるので**無料**となります。よって、代金、送料、駐車場料金を合計すると、**26000 × (1 − 0.1) + 800 = 24200**（円）となるので、この記述は**正しい**といえます。

以上より、正しいのは**イ**と**ウ**なので、正解は**F**です。

正解　**F**

練習問題 資料の読み取り

 回答時間 **8** 分

解答・解説 ➡ 別冊22ページ

問題1

ある自治体では、以下の規則に従って体育館のアリーナを貸し出している。また、体育館を利用日の2週間前までに予約すると、料金が500円引きになる特典がある。さらに、利用時間を延長した場合には、1時間あたり800円の延長料金が加算される。なお、特例として、利用者の過半数が未成年だった場合には、土・日・祝日であっても平日料金で利用できる。

	平日	土・日・祝日
午前(9:00〜12:00)	1500円	1800円
午後(13:00〜17:00)	2000円	2200円
全日(9:00〜17:00)	3000円	3600円

1 Check □□□

以下のうち、正しいものはどれか。

ア　こどもの日の朝9：00から夕方17：00まで、この体育館で大会を開催するため、3週間前に予約を行った。参加者がすべて成人だったとすると、体育館の利用料金は3100円になる。

イ　中学生12名とその保護者である成人8名、教師2名が土曜日の午前中にこの体育館を利用した。予約をしていなかった場合には、利用料金は1800円になる。

ウ　高校生14名と教師1名が日曜日の午後にこの体育館を利用した。予約は利用日の1週間前に行った。体育館の利用を1時間延長して午後6時まで利用したとすると、体育館の利用料金は2000円となる。

- A　アだけ
- B　イだけ
- C　ウだけ
- D　アとイ
- E　アとウ
- F　イとウ

2 Check □□□

以下のうち、正しいものはどれか。

カ　成人の日の午後にこの体育館を利用して講演会を開くことになり、主催者が4週間前に予約を行った。利用時間の延長がなかったとすると、体育館の利用料金は1800円になる。

キ　中学生24名とその保護者である成人5名、教師2名が月曜日の午前中にこの体育館を利用した。3週間前に予約をしていた場合には、利用料金は1300円になる。

ク　高校生14名と教師1名が日曜日の午前中にこの体育館を利用した。予約は利用日の3週間前に行った。この場合、利用料金は1000円となる。

- A　カだけ
- B　キだけ
- C　クだけ
- D　カとキ
- E　カとク
- F　キとク

乙市では、以下の規則に従って公民館の会議室を貸し出している。また、会議室を利用日の2週間前までに予約すると、料金が200円引きになる特典がある。

	平日	土・日・祝日
午前(9:00～12:00)	1600円	1800円
午後(13:00～17:00)	2000円	2200円
夜間(17:00～21:00)	2800円	3000円
全日(9:00～21:00)	6000円	6300円

なお、特例として、利用者の過半数が乙市の住民であった場合には、土・日・祝日であっても平日料金で利用できることになっている。

1 Check □□□

以下のうち、正しいものはどれか。
- ア　この会議室を6月の木曜日に成年男性8人と成年女性5人が利用することになった。男性すべてが乙市の住民であり、利用時間は夜間である。利用日の4週間前に会議室を予約すると、1人あたりの利用料金は200円になる。
- イ　この会議室を12月の日曜日に成年男性9人と成年女性5人が利用することになった。男性すべてが乙市の住民であり、利用時間は夜間である。利用日の1週間前に会議室を予約すると、1人あたりの利用料金は200円になる。
- ウ　この会議室を10月の土曜日に成年男性6人と成年女性10人が利用することになった。女性すべてが乙市の住民であり、利用時間は夜間である。利用日の1週間前に会議室を予約すると、1人あたりの利用料金は200円になる。

○ A　アだけ　　　○ B　イだけ　　　○ C　ウだけ
○ D　アとイ　　　○ E　アとウ　　　○ F　イとウ

2 Check □□□

以下のうち、正しいものはどれか。
- カ　この会議室を11月の日曜日に成年男性9人と成年女性5人が利用することになった。男性すべてが丙市の住民であり、利用時間は夜間である。利用日の4週間前に会議室を予約すると、1人あたりの利用料金は200円になる。
- キ　中学生24人とその保護者である成年5人、教師2人が月曜日の午前中にこの会議室を利用した。1週間前に予約をしていた場合には、利用料金は1600円になる。
- ク　高校生8人と教師1人が土曜日の午前中にこの会議室を利用した。予約は利用日の3週間前に行った。参加した高校生のうち5人が丙市の住民で、他の高校生と教師は隣町の住民であった。この場合、利用料金は1800円となる。

○ A　カだけ　　　○ B　キだけ　　　○ C　クだけ
○ D　カとキ　　　○ E　カとク　　　○ F　キとク

問題3

埼玉県にあるXスーパーマーケットは、インターネット上に店舗を開き、以下の規則に従って、購入した金額に応じた割引サービスを行っている。この店舗では、食料品はすべて特価品として販売されている。文具・薬品はすべて、通常商品として販売されている。さらに、このショップでは会員を対象としたポイントシステムを整備しており、会員の場合にはすべての商品について、割引後の代金の1割に相当するポイントがつくことになっている。

買い物金額	通常商品	特価品
4000円未満	5%引き	割引なし
4000円以上 2万円未満	10%引き	1%引き
2万円以上	15%引き	5%引き

1 Check☐☐☐

以下のうち、正しいものはどれか。

ア　会員が5000円の通常商品と12000円の特価品を購入した場合、1638ポイントがつくことになる。

イ　会員が2000円の漢方薬と3000円の国産牛肉を購入した場合、代金総額は4870円となる。

ウ　会員が20000円の特価品と20000円の通常商品を購入した場合、3560ポイントがつくことになる。

○ **A**　アだけ　　　　○ **B**　イだけ　　　　○ **C**　ウだけ

○ **D**　アとイ　　　　○ **E**　アとウ　　　　○ **F**　イとウ

2 Check☐☐☐

以下のうち、正しいものはどれか。

カ　会員が18000円の万年筆と30000円の食品を購入した場合、4470ポイントがつくことになる。

キ　会員が1000円の風邪薬と4000円のステーキ肉を購入した場合、代金総額は4950円となる。

ク　会員が8000円の刺身の舟盛りと10000円の高級ボールペンを購入した場合、1692ポイントがつくことになる。

○ **A**　カだけ　　　　○ **B**　キだけ　　　　○ **C**　クだけ

○ **D**　カとキ　　　　○ **E**　カとク　　　　○ **F**　キとク

22 整数の推理（WEBテスティング）

ポイント 数式化して条件を整理！

- 「WEBテスティング」のみで出題されるテーマ。条件文を読み、1から9までの数字を答える問題

条件文
ア　AはBより大きい。
イ　BはCより7だけ大きい。

Aの値は？

数式化
ア　A＞B
イ　B＝C＋7

考えられるパターンを書き出す
①B＝8、C＝1　⇒　アよりA＝9
②B＝9、C＝2　⇒　アに矛盾

例題　Check □□□　出題頻度 ★★★　難易度 ★★★

以下の問いに答えなさい。

A、B、Cの3人は野球部のレギュラー選手で、試合では1、2、3、4、5、6、7、8、9のうちのどれかの背番号をつけている。3人の背番号について以下のことがわかっているとき、Bの背番号は[　　]である。

〔回答欄〕

　ア．AとBの背番号を合計した数と、AとCの背番号を合計した数を比較すると、AとCの合計のほうが大きくなる。
　イ．Cの背番号は、Aの背番号のちょうど4分の1である。

60秒で解く！

まずは、条件を数式化します。

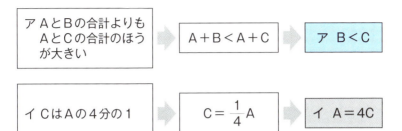

条件イより、Aは4の倍数であることがわかります。Aは1以上9以下の整数なので、考えられるパターンは次の2つになります。
① A＝4、C＝1
② A＝8、C＝2

ところが、**条件ア**より、B＜Cなので、①は不適です。
一方、②なら、**B＝1**のとき、**条件ア**も**条件イ**も満たします。

以上より、正解は**1**となります。

正解 **1**

練習問題 整数の推理 (WEBテスティング)

回答時間 **8** 分

解答・解説 ➡ 別冊23ページ

問題 1 Check □□□

D、E、Fの3人で12個のコインを分けることにした。3人がもらったコインの数について以下のことがわかっているとき、一番多くもらった人のコインの数は [   ] である。

〔回答欄〕

ア. 同じ個数をもらった人はいなかった。
イ. 一番多くもらった人は、一番少なくもらった人より2個多くもらっていた。

問題 2 Check □□□

トランプの3、4、7、9、12のカードがあり、X、Y、Zの3人に1枚ずつカードを引いてもらった。3人に配られたカードの数字について以下のことがわかっているとき、Zがもらったカードは [   ] である。

〔回答欄〕

ア. Zのもらったカードが3人の中で最も小さかった。
イ. Yのもらったカードは、Xのもらったカードのちょうど3倍である。

 Check ☐☐☐

1、2、3、7、9の5枚のカードを甲、乙、丙の3人に1枚ずつ配った。今、3人に配られたカードの数値について以下のことがわかっている。このとき、甲に配られたカードは [　　] である。

〔回答欄〕

ア.甲は乙よりも小さく、丙は乙よりも大きい数値である。
イ.丙に配られたカードの数値と乙に配られたカードの数値の差は7である。

選択肢から的を絞る黄金のテクニック

　非言語の選択肢は、よく考えられているようで、実は「これは絶対にあり得ない」というものも少なくありません。ここでは、そういった例をいくつか取り上げて解説します。

●損益算の問題について

　試験では、大幅なもうけや大幅な損をするような商品は出題されません。ちょうど**1 ～ 3割程度の利益が出る**ように値段が設定されていることが一般的です。

　従って、定価や仕入れ値から逆算して、おおよその売値は推測できます。これから正解肢を絞っていくことも1つの方法でしょう。

●速さの問題について

　速さを求める問題では、常識に適合するような出題がなされています。たとえば、**人が歩く速さは時速3 ～ 5km程度、自転車の速度は時速10 ～ 20km程度、自動車の速度は時速30 ～ 60km程度、電車の速度は時速40 ～ 80km程度**に設定されていることが多いです。

　従って、この範囲にない選択肢は、正解肢から排除しておくことをおすすめします。

●確率の問題について

　111ページ、問題3の小問1では、「2投とも入らない確率」を尋ねています。ただ、問題を読むと、1投あたり0.7 ～ 0.8の確率で入るフリースローを2投とも外す可能性は、それほど高くないと判断できます。少なくとも2投目は0.8の確率で入るので、求める値は1－0.8＝0.2よりは小さくなるはずです。となると、正解はAの「0.06」かBの「0.16」に絞れます。

　ほかにもいろいろな手法が考えられますが、残り時間との戦いとなるのがSPI3試験です。たとえ問題が解けなくても、正解できれば同じです。あきらめずに、正解肢を絞り込むことを心がけましょう。

122

第3章

言語能力

言語能力検査の出題内容と対策

① 言語能力検査の出題内容

　SPI試験の言語能力検査では、以下の分野が出題されます。詳細は126ページ以降の各項を参照してください。

　それぞれの試験タイプに応じて、どの分野がどの程度出題されるかというのは違うので、ヤマをはらずに広く勉強することが必要です。

	分野	転職者用テストセンター	転職者用ペーパーテスト	転職者用WEBテスティング	新卒用テストセンター	新卒用ペーパー	備考
1	二語の関係	★★★	★★★	―	★★★	★★★	必ず出題
2	長文読解	★★	★★★	★★	★★★	★★★	テストセンターは少し短めの文
3	熟語の意味	★★	―	―	★★	★★	頻出
4	語句の用法	★★	―	―	★★	★★	頻出
5	反対語	―	★★	―	―	―	転職者用ペーパーテスト特有
6	並べ替え問題	★	―	―	★	―	
7	穴埋め問題	★	―	―	★	―	
8	文節の並べ替え	―	―	★★	―	―	Web特有
9	熟語の成り立ち	―	―	★★	―	―	Web特有
10	文章のつながり	―	―	★★	―	―	Web特有

※聞き取りによる出題頻度を3段階の星の数で示しています。星の数が増えるほど、出題頻度も高くなります。「よく出る順」は、転職者用テストセンター、ペーパーテスト、WEBテスティングの出題頻度より、総合的に分析しています。また、126ページ以降の出題頻度も、これらを総合的にまとめたものです。

　非言語能力検査と比べて出題範囲が狭く、同じようなパターンの問題が何問も出題されます。そのため、出題パターンをつかめば比較的早い段階で合格点をとることは可能です。試験によって差異はあるものの、SPI試験では**「熟語の意味」の出題が多く**、しかもこれは語彙力が問われる分野であるため、差のつく分野となっています。

　さらに、意外と差がつくのが**長文読解**の問題です。この分野については、しっかりと準備した人と、そうでない人とで差がついているといえます。本書の問題パターンは完ぺきにこなせるように準備しておきましょう。

124

長文読解問題も、語句の用法の問題も、最終的にはスピードの勝負となります。知らない言葉が登場したとしても、消去法で上手に正解肢を絞るようにしましょう。

② 言語能力検査の到達目標と具体的勉強法

●突破には７〜８割の正解が必要

非言語能力検査と比べて、回答時間にも少し余裕があり、しかも**正答率も全体的に高く**なっているのが言語能力検査の特徴です。ただ、受検者全体のレベルが高いので、企業にもよりますが、突破するためには**７〜８割程度の正解**は少なくとも必要だといわれています。

●語彙力を身につけて出題パターンに慣れる

言語分野は、

①語彙力を身につけること

②出題パターンに慣れること

が重要です。問題の引っかけ方や、間違い選択肢の作られ方には一定の傾向があるので、慣れてくるとどれが正解で、どれが間違いかが何となくわかるようになってきます。

特に、**二語の関係**や**語句の用法**、そして**熟語の成り立ち**の分野などは、慣れてくると短時間で正解できるようになってくる受検者が多いといえます。

●長文読解は間違いを１問におさえる

長文読解は出題パターンが豊富なので、少しやっかいです。すべての小問を正解することを目標とするのではなく、「１問くらいの間違いならばOK」という気持ちでのぞむとよいでしょう。

練習をするときには、**全体の８〜９割正解できること**を目標にがんばりましょう。最悪でも６〜７割を確保しなければ、内定獲得は厳しいといえます。できない問題にこだわるのではなく、総合点を上げることを心がけるようにします。

●「何とかしなければ」という気持ちで取り組む

あまり勉強時間をかけない受検者も多いようですが、言語能力のほうで企業から不合格をもらう受検者も少なくありません。「何とかなる」ではなく、「何とかしなければ」という気持ちでがんばってください。

第3章 言語能力検査の出題内容と対策

1 二語の関係①

10種類の二語関係をマスターする

- 「同意語」「反意語」「包含→」「包含←」「役割」「全体と部分」「原料と製品」「並列」「併せて1組」「その他」のそれぞれの出題パターンの特徴をつかむ
- **包含関係は2種類**あることに注意する
- **プラスイメージ**や**マイナスイメージ**を考えられるようにする

例題 Check □□□　　出題頻度 ★★★　難易度 ★☆☆

最初に提示された二語の関係を考え、同じ関係のものを選びなさい。

❶ 穀物：米
　ア　内閣：国会
　イ　漬物：惣菜
　ウ　芸術：美術

- A　アだけ
- B　イだけ
- C　ウだけ
- D　アとイ
- E　アとウ
- F　イとウ

❷ 机：引出し
　ア　教科書：勉強
　イ　自動車：ハンドル
　ウ　小麦粉：パスタ

- A　アだけ
- B　イだけ
- C　ウだけ
- D　アとイ
- E　アとウ
- F　イとウ

二語の関係の問題は、どのようなSPI３の試験でも必ず出題されます。二語の関係には、以下の10パターンがあり、これらのいずれかしか出題されないので、しっかりと頭に入れましょう。

名称	意味	具体例	
同意語	両者は同じ意味	簡単：容易	授業：講義
反意語	両者は反対の意味	上昇：下降	過去：未来
包含→	前者が後者に含まれる	中国：外国	椅子：家具
包含←	後者が前者に含まれる	球技：野球	和服：着物
役割	目的と手段の関係	先生：授業	注射：治療
全体・部分	全体とその一部分の関係	自転車：タイヤ	家屋：窓
原料・製品	原材料とその製品の関係	木材：家具	小麦：パン
並列	ともに同列の関係	民法：刑法	国語：算数
併せて1組	併せて使用する関係	弓：矢	針：糸
その他	上記のいずれでもない	河川：時計	行政：牛肉

第3章 二語の関係①

❶ 本問では、問題文の「穀物」「米」は後者が前者に含まれる関係、つまり「包含←」の関係になります。これに対して、
　ア「内閣：国会」はともに国の機関であるという「並列」の関係
　イ「漬物：惣菜」は前者が後者に含まれる「包含→」の関係
　ウ「芸術：美術」は後者が前者に含まれる「包含←」の関係
ですので、問題文と同じ関係のものは「ウだけ」となります。

正解 C

❷ 本問では、問題文の「机」「引出し」は前者が全体で後者がその一部分という関係、つまり「全体・部分」の関係になります。これに対して、
　ア「教科書：勉強」は前者が手段で後者が目的という「役割」の関係
　イ「自動車：ハンドル」は前者が全体で後者がその一部分という「全体・部分」の関係
　ウ「小麦粉：パスタ」は前者が原材料で後者が製品という「原料・製品」の関係
ですので、問題文と同じ関係のものは「イだけ」となります。

正解 B

127

練習問題 二語の関係①

回答時間 **4** 分

解答・解説 ➡ 別冊25ページ

問題 最初に提示された二語の関係を考え、同じ関係のものを選びなさい。

① Check □□□

石油：ペットボトル
- ア　ラーメン：チャーハン
- イ　ストーブ：暖房
- ウ　大豆：豆乳

○ A　アだけ　　　○ B　イだけ
○ C　ウだけ　　　○ D　アとイ
○ E　アとウ　　　○ F　イとウ

② Check □□□

キーボード：入力
- ア　煙突：排気
- イ　自転車：移動
- ウ　大豆：キナコ

○ A　アだけ　　　○ B　イだけ
○ C　ウだけ　　　○ D　アとイ
○ E　アとウ　　　○ F　イとウ

③ Check □□□

鳩：鴨
- ア　銅：10円玉
- イ　キー：鍵
- ウ　タイ：カンボジア

○ A　アだけ　　　○ B　イだけ
○ C　ウだけ　　　○ D　アとイ
○ E　アとウ　　　○ F　イとウ

④ Check □□□

気体：酸素
- ア　ヨーロッパ：イギリス
- イ　注射：治療
- ウ　試験：テスト

○ A　アだけ　　　○ B　イだけ
○ C　ウだけ　　　○ D　アとイ
○ E　アとウ　　　○ F　イとウ

⑤ Check □□□

時計：腕時計
- ア　リスク：危険
- イ　電話：電報
- ウ　筆記具：万年筆

○ A　アだけ　　　○ B　イだけ
○ C　ウだけ　　　○ D　アとイ
○ E　アとウ　　　○ F　イとウ

⑥ Check □□□

サバ：イワシ
- ア　炭水化物：タンパク質
- イ　ビール：日本酒
- ウ　ぶどう：ワイン

○ A　アだけ　　　○ B　イだけ
○ C　ウだけ　　　○ D　アとイ
○ E　アとウ　　　○ F　イとウ

7 Check ☐☐☐

スキル：技能
　ア　切実：痛切
　イ　指輪：装飾
　ウ　大切：肝心

○ **A**　アだけ　　　　○ **B**　イだけ
○ **C**　ウだけ　　　　○ **D**　アとイ
○ **E**　アとウ　　　　○ **F**　イとウ

8 Check ☐☐☐

サポート：支援
　ア　空虚：充実
　イ　最期：臨終
　ウ　体積：容積

○ **A**　アだけ　　　　○ **B**　イだけ
○ **C**　ウだけ　　　　○ **D**　アとイ
○ **E**　アとウ　　　　○ **F**　イとウ

9 Check ☐☐☐

見地：観点
　ア　心配：不安
　イ　虚偽：真実
　ウ　希薄：濃厚

○ **A**　アだけ　　　　○ **B**　イだけ
○ **C**　ウだけ　　　　○ **D**　アとイ
○ **E**　アとウ　　　　○ **F**　イとウ

10 Check ☐☐☐

急性：慢性
　ア　容易：困難
　イ　厳格：寛大
　ウ　宗教：仏教

○ **A**　アだけ　　　　○ **B**　イだけ
○ **C**　ウだけ　　　　○ **D**　アとイ
○ **E**　アとウ　　　　○ **F**　イとウ

11 Check ☐☐☐

九州：福岡
　ア　パスタ：スパゲッティ
　イ　飲料：オレンジジュース
　ウ　革新：イノベーション

○ **A**　アだけ　　　　○ **B**　イだけ
○ **C**　ウだけ　　　　○ **D**　アとイ
○ **E**　アとウ　　　　○ **F**　イとウ

12 Check ☐☐☐

英語：ドイツ語
　ア　チワワ：テリア
　イ　自転車：オートバイ
　ウ　パイロット：操縦

○ **A**　アだけ　　　　○ **B**　イだけ
○ **C**　ウだけ　　　　○ **D**　アとイ
○ **E**　アとウ　　　　○ **F**　イとウ

13 Check ☐☐☐

弓：矢
　ア　黒板：チョーク
　イ　トランペット：クラリネット
　ウ　ココナッツ：ナタデココ

○ **A**　アだけ　　　　○ **B**　イだけ
○ **C**　ウだけ　　　　○ **D**　アとイ
○ **E**　アとウ　　　　○ **F**　イとウ

14 Check ☐☐☐

糸：針
　ア　大豆：豆腐
　イ　創造：破壊
　ウ　鍵：錠

○ **A**　アだけ　　　　○ **B**　イだけ
○ **C**　ウだけ　　　　○ **D**　アとイ
○ **E**　アとウ　　　　○ **F**　イとウ

第**3**章

二語の関係①

2 二語の関係②

 10種類の二語関係をマスターする

- 「同意語」「反意語」「包含→」「包含←」「役割」「**全体と部分**」「**原料と製品**」「**並列**」「**併せて1組**」「**その他**」のそれぞれの出題パターンの特徴をつかむ
- 選択肢をよく比較して、**消去法**でベストなものを選ぶ

例題

出題頻度 ★★
難易度 ★

最初に提示された二語の関係を考え、同じ関係の対になるよう（　　）にあてはまる言葉を選びなさい。

1 ライター：点火
　　箸：（　　）

- A　茶碗
- B　食事
- C　食器
- D　割り箸
- E　木

2 かんぴょう：夕顔
　　うどん：（　　）

- A　そば
- B　小麦粉
- C　だし
- D　月見うどん
- E　麺類

30秒で解く！

基本的な解き方は、前項の「二語の関係①」と同じです。まず、127ページに掲げた10パターンを頭に入れましょう。そのうえで、上手に選択肢を比較し、正解に達する練習をしましょう。

❶ 本問では、前提の「ライター」「点火」は後者が前者の役割を示す関係、つまり「役割」の関係になります。これに対して、

A「箸：茶碗」はともに食器であるという「並列」の関係
B「箸：食事」は後者が前者の「役割」の関係
C「箸：食器」は前者が後者に含まれる「包含→」の関係
D「箸：割り箸」は後者が前者に含まれる「包含←」の関係
E「箸：木」は後者が前者の原料という「原料・製品」の関係

ですので、正解は**B**となります。

正解 **B**

❷ 本問では、前提の「かんぴょう」「夕顔」は後者が前者の原料となっている関係、つまり「原料・製品」の関係になります。これに対して、

A「うどん：そば」はともに麺であるという「並列」の関係
B「うどん：小麦粉」は後者が前者の原料となる「原料・製品」の関係
C「うどん：だし」は前者と後者は一緒に食べるという「併せて1組」の関係
D「うどん：月見うどん」は後者が前者に含まれる「包含←」の関係
E「うどん：麺類」は前者が後者に含まれる「包含→」の関係

ですので、正解は**B**となります。

正解 **B**

二語の関係の問題はたいてい最初のほうで出題される問題です。しっかりと正解して、よいリズムで残りの問題にのぞみましょう。

第3章 二語の関係②

131

練習問題 二語の関係②

 回答時間 **4**分
解答・解説 ➡ 別冊25ページ

問題 最初に提示された二語の関係を考え、同じ関係の対になるよう（　）にあてはまる言葉を選びなさい。

❶ Check ☐☐☐
果物：みかん
季節：（　　）
- A　暖冬
- B　秋刀魚
- C　水無月
- D　黄昏
- E　晩秋

❷ Check ☐☐☐
会社：仕事
風呂：（　　）
- A　清潔
- B　浴槽
- C　入浴
- D　洗面器
- E　露天風呂

❸ Check ☐☐☐
感覚：味覚
体操：（　　）
- A　運動
- B　保健
- C　競技
- D　体育
- E　ラジオ体操

❹ Check ☐☐☐
学校：教育
国会：（　　）
- A　行政
- B　立法
- C　選挙
- D　委員会
- E　参議院

❺ Check ☐☐☐
たばこ：ライター
黒板：（　　）
- A　先生
- B　チョーク
- C　授業
- D　白板
- E　教科書

❻ Check ☐☐☐
西洋：東洋
厚遇：（　　）
- A　待遇
- B　穏健
- C　福祉
- D　冷遇
- E　誠実

⑦ Check☐☐☐

穀物：小麦
病気：（　　　）

- ○ A　風邪
- ○ B　入院
- ○ C　医者
- ○ D　薬
- ○ E　看護師

⑧ Check☐☐☐

移動：電車
建築：（　　　）

- ○ A　資格
- ○ B　ビル
- ○ C　大工
- ○ D　木造
- ○ E　工事

⑨ Check☐☐☐

祖先：先祖
作者：（　　　）

- ○ A　編集
- ○ B　評論
- ○ C　評価
- ○ D　作品
- ○ E　著者

⑩ Check☐☐☐

自動車：タイヤ
飛行機：（　　　）

- ○ A　パイロット
- ○ B　自動車
- ○ C　尾翼
- ○ D　空港
- ○ E　乗客

⑪ Check☐☐☐

英語：ドイツ語
富士山：（　　　）

- ○ A　八ヶ岳
- ○ B　逆さ富士
- ○ C　日本一
- ○ D　風景画
- ○ E　樹海

⑫ Check☐☐☐

刑法：法律
美術：（　　　）

- ○ A　芸術
- ○ B　画家
- ○ C　彫刻
- ○ D　音楽
- ○ E　絵画

⑬ Check☐☐☐

愛：結婚
戦争：（　　　）

- ○ A　平和
- ○ B　軍隊
- ○ C　講和
- ○ D　戦死者
- ○ E　警察官

⑭ Check☐☐☐

科学：化学
自転車：（　　　）

- ○ A　乗用車
- ○ B　サドル
- ○ C　ステンレス
- ○ D　マウンテンバイク
- ○ E　移動

第**3**章

二語の関係②

3 長文読解

ポイント 時間をかけずに正解できるかがポイント

- 文章挿入や穴埋め問題については、**前後2～3行をよく読んで**ヒントを探そう
- 内容合致問題は、本文中から**キーワードを探す**ことが重要

例題　Check □□□　　出題頻度 ★★★　難易度 ★★★

次の文を読んで、各問に答えなさい。

この問題は3問組です

　現代の物理的科学は確かに数学の応用のおかげで異常の進歩を遂げた。この事には疑いもないが、その結果として数学にかからない自然現象は見て見ぬふりをしたり、無理に数学にかけうるように自然をねじ曲げるような傾向を生じてくる。この弊がこうじるとかえって科学の本然の進展を阻害しはしないか。

　あらゆる自然科学は結局記載の学問である。数学的解析は実にその数学的記載に使われるもっとも便利な国語である。しかしこの言語では記載されなくても他の言語で記載さるべき興味ある有益なる現象は数限りもなくある。

　あまり道具を尊重し過ぎて本然の目的を忘れるのは有りがちな事であるから、これもよく考えてみなければならない。

　ついでながら、先日ある日本語の上手な漢字も自由に書けるドイツ人から聞いた話によると、漢字を学ぶ唯一の方法は、ただ暇さえあればそれらの文字とにらめくらをする事だといっていた。なるほどあの根気のいいドイツ人に、日本語のうまい、そして文字までも書く事のできる人の多いわけだと思った。もしかすると、ドイツ人がいったいに数理的科学に長じているように見えるのは、やはり同じ根気のよさ執拗さに起因しているのではないかという疑いが起こった。そう考えてみるとドイツ人の論文の中に、少なくもまれには、愚にもつかない空虚な考えをいかめしい数式で武装したようなのもある、そのわけが読めるような気がした。

　しかしなんといっても、あらゆる言語のうちで、数学の言語のように、一度つかまえた糸口をどこまでもどこまでも離さないで思考の筋道を続けうる言語はない。普通の言語はある所までは続いていても、犬に追われたうさぎの足跡のように、時々連絡が怪しくなる。思うにこれは普通の言語の発達がいまだ幼稚なせいかもしれない。ギリシア哲学盛期の言語に比べて二十世紀の思想界の言語はこ

ういう意味では、ほんの少ししか進歩していないかもしれない。（　Ⅰ　）現在よりもっと進歩し得ないという理由は考えられない。人間の思考の運びを数学の計算の運びのように間違いなくしうるようにできるものかどうかはわかりかねる。しかし、少なくともそれに近づくようにわれわれの言語、というかあるいはむしろ思考の方式を発育させる事はできるかもしれない。もっともそうなるほうがいいか、ならないほうがいいか、これはまたもちろん別問題である。

（寺田寅彦『数学と語学』）

1 文中の（　Ⅰ　）にあてはまる接続詞を選びなさい。

○ **A**　しかし　　　　　○ **B**　そこで　　　　　○ **C**　ところで
○ **D**　また　　　　　　○ **E**　なぜなら

2 文中の下線部「この言語」を指すものとして最も適当なものを選びなさい。

○ **A**　自然科学　　　　○ **B**　自然現象　　　　○ **C**　数学的解析
○ **D**　学問　　　　　　○ **E**　物理的科学

3 本文中に述べられていることと合致するものを選びなさい。

　　ア　現代における物理的科学は、数学を基礎として大いに発展したが、
　　　　最近では、発展が阻害されている。
　　イ　ドイツ人は愚にもつかない空虚な考えをもつ。
　　ウ　数学の言語は、思考の道筋をどこまでも続くことができる。

○ **A**　アだけ　　　　　○ **B**　イだけ　　　　　○ **C**　ウだけ
○ **D**　アとイ　　　　　○ **E**　アとウ　　　　　○ **F**　イとウ

第**3**章

長文読解

120秒で解く！

長文読解の解法

長文読解問題は、少し長めの文章を読んで、その中から筆者のいいたいことをあてる形式の問題です。総合問題として小問を3つ程度伴って出題され、**要旨把握**はもちろん、**空欄への接続詞の補充**や**文の挿入**など、文章読解の総合的な能力があるかどうかを試す出題形式です。

まずは、ほかの分野の問題をさっと解き、長文読解の問題を**じっくりと読む時間を作る**のが大切です。重要な語句を見落とさないためにも、**問題文に線を引く、重要だと思われるキーワードは丸で囲っておく**などして、後で各小問を検討するときに**すばやく該当箇所に戻れる**ようにします。本問でも、設問文章をすばやく読み、だいたいの意味を把握してから小問を順に検討することにしましょう。なお、この問題は、すべてのテストセンター試験で出題されます。

1 接続詞を入れる問題では、**空欄の前後をよく読む**ことが必要です。空欄の前には、「ほんの少ししか進歩していないかもしれない」とあり、空欄の後には、「現在よりもっと進歩し得ないという理由は考えられない」とあるので、**空欄の前後では意味が逆**になっています。従って、空欄には**逆接の接続詞**「しかし」が入り、正解は**A**となります。

正解 **A**

2 指示語の指す部分をあてる問題では、**直前・直後の部分に注目**します。「この言語」の直前の述語は「国語である」で、これに対応する主語は「数学的解析は」です。従って、「この言語」が指すのは「数学的解析」となり、正解は**C**となります。

正解 **C**

3 問題文の該当する部分を探してあてはめます。
　ア　「科学の本然の進展を阻害しはしないか」と疑問を呈していますが、「阻害する」とまでは断言していないので、本文と合致しません。
　イ　4段落目に、「ドイツ人の論文の中に、少なくもまれには、愚にもつかない空虚な考えをいかめしい数式で武装したようなのもある」とありますが、「ドイツ人は愚にもつかない空虚な考えをもつ」と断定しているわけではないので、本文と合致しません。
　ウ　最後の段落に、「あらゆる言語のうちで、数学の言語のように、一度つかまえた糸口をどこまでもどこまでも離さないで思考の筋道を続けうる言語はない」とあるので、本文と内容は合致します。
以上により、本文と合致するのは**ウ**だけで、正解は**C**となります。

正解 **C**

練習問題 長文読解

回答時間 **4**分
解答・解説 ➡ 別冊26ページ

問題1　次の文を読んで、各問に答えなさい。

この問題は3問組です

　20世紀の特徴の端的な表現として、大量生産・大量消費・大量廃棄という言葉がある。全てに（　P　）という意味でも、マスメディアと大衆文化が開花し、人々が共通の行動や思考をしたり一緒に楽しんだりするという意味でも、「（　Q　）の世紀」であったとする見方である。また、科学技術に対する無限の信仰で始まり、それが飛躍的に進歩したが、一方で環境破壊、戦争や核兵器など暗い側面も有する「（　R　）の世紀」であったとする見方もある。①

　今や地球規模において、資源・エネルギーの枯渇や環境負荷の増大などの環境制約が人類の存続を脅かしつつあると言えよう。地球が長い年月をかけて形成し、蓄積してきた資源・エネルギーを、我々は短期間で大量に消耗し、様々な汚染物資・廃棄物を環境中へ排出し、物質的な豊かさや生活の利便性を追求してきた。その結果、地球の温暖化や有害化学物質の問題などのように、地球的広がりや世代的広がりを持つ深刻な環境問題に直面してしまった。②

　一方で、次世紀の持続的発展に向けて環境保全を支える新しい芽吹きも生まれ、力強い胎動が感じられることも忘れてはならない。エコビジネスやグリーンコンシューマー、環境NGOなどに代表される、こうした動きは、量的拡大に偏重した従来の経済社会の在り方から脱却を図り、国際的な広がりを持ちながら環境と経済の統合を実現する担い手として大きな可能性を秘めている。③

　我々は、是非とも肯定的な意味で「環境の世紀」と呼べる21世紀を迎えたい。この世紀末、経済不況下にあって山積する課題への対処が求められている我が国においては、奇しくも、中央省庁再編に伴う「環境省」の設立、環境基本計画の見直し等を間近に控え、環境行政が大きく転換しようとしている。④こうした状況の中で、「いかにすれば持続的発展が可能な経済社会が実現できるか」という視点から環境政策が問い直されていると言えよう。⑤

（環境省「環境白書」）

1 Check □□□

次の文章を本文中に入れるとすると、どこに入れるのが最も適当か、選びなさい。

「人類社会は今の形のままでは長持ちしないのである。」

○ A　①　　　○ B　②　　　○ C　③
○ D　④　　　○ E　⑤

2 Check ☐☐☐

本文中の空欄（　P　）（　Q　）（　R　）に入れる言葉の組み合わせとして、最も適切なものを選びなさい。

	P	Q	R		P	Q	R
○ A	大量	マス	破壊	○ B	大量	享楽	学問
○ C	現代	マス	飛躍	○ D	現代	享楽	破壊

3 Check ☐☐☐

本文中に述べられていることと合致するものを選びなさい。

ア　地球の温暖化は、世代的広がりを持つ大きな環境問題である。
イ　次世代の持続的発展に向けて環境保全を支える新しい芽吹きとして、環境NGOなどが生まれている。
ウ　20世紀は、「マスの世紀」ではなく、「破壊の世紀」であった。

○ A	アだけ	○ B	イだけ	○ C	ウだけ
○ D	アとイ	○ E	アとウ	○ F	イとウ

問題2　次の文を読んで、各問に答えなさい。

この問題は3問組です

　ヨーロッパの近代人が書いた「キリスト伝」を二、三冊読んでみて、あまり感服できなかった。キリストを知らないのである。聖書を深く読んでいないらしいのだ。これは意外であった。

　考えてみると、僕たちだって、小さい時からお婆さんに連れられてお寺参りをしたり、またお葬式や法要の度毎に坊さんのお経を聞き、また国宝の仏像を見て歩いたりしているが、□□□□□□□□、仏教とはどんな宗教かと外国の人に改って聞かれたら、百人の中の九十九人は、へどもどするに違いないのだ。なんにも知らない。外国の人もまた、マリヤ様、エス様が、たいへんありがたいおかたであるという事は、教会の雰囲気に依って知らされ、小さい時からお祈りをする習慣だけは得ていながらも、かならずしも聖書にあらわれたキリストの悲願を知ってはいないのだ。

　Ｊ・Ｍ・マリイという人は、ヨーロッパの一流の思想家の由であるが、その「キリスト伝」には、こと新しい発見も無い。聖書を一度、情熱を以て精読した人なら、誰でも知っている筈のものを、ことごとしく取扱っているだけであった。この程度の「キリスト伝」が、外国の知識人たちに尊敬を以て読まれているんなら、一般の聖書知識の水準も、たかが知れていると思った。たいした事はないんだ。むかし日本の人

に、キリストの精神を教えてくれたのは、欧米の人たちであるが、今では、別段彼等から教えてもらう必要も無い。「神学」としての歴史的地理的な研究は、まだまだ日本は、外国に及ばないようであるが、キリスト精神への理解は、素早いのである。

　キリスト教の問題に限らず、このごろの（　P　）は、だんだん意気込んで来て、（　Q　）の思想を、たいした事はないようだと、ひそひそ囁き交すようになったのは、たいへん進歩である。日本は、いまに（　R　）になるかも知れぬ。冗談を言っているのではない。

（太宰治『世界的』）

1 Check ☐☐☐

本文の ☐☐☐☐ にあてはまる語句として、最も適当なものはどれか。

○ **A**　したがって　　○ **B**　あるいは　　○ **C**　そして
○ **D**　しかも　　　　○ **E**　さて

2 Check ☐☐☐

本文中の空欄（　P　）（　Q　）（　R　）に入れる言葉の組み合わせとして、最も適切なものを選びなさい。

	P	**Q**	**R**
○ **A**	外国人	日本人	世界の孤児
○ **B**	外国人	日本人	世界文化の中心
○ **C**	日本人	外国人	世界の孤児
○ **D**	日本人	外国人	世界文化の中心
○ **E**	日本人	外国人	世界の最貧国

3 Check ☐☐☐

本文中に述べられていることと合致するものを選びなさい。

　ア　ヨーロッパの人はキリストのことをよく知らないと、筆者は最初から思っていた。
　イ　日本人は「仏教とはどのような宗教か」と聞かれても、誰も答えられない。
　ウ　昔の日本人は、欧米人からキリストの精神を学んだ。

○ **A**　アだけ　　　　○ **B**　イだけ　　　　○ **C**　ウだけ
○ **D**　アとイ　　　　○ **E**　アとウ　　　　○ **F**　イとウ

4 熟語の意味

微妙な選択肢は消去法で判断する

- まずは、「絶対に違う」ものを削ってから考える
- 「当たらずといえども遠からず」という**引っかけの選択肢**も多いので注意
- 問題文をよく読んで、**どれがふさわしいか**よく比較しよう

例題

下線部の言葉と、意味が最も合致するものを1つ選びなさい。

① 死ぬこと
- A 葬儀
- B 衰弱
- C 病理
- D 物故
- E 無心

② 範囲を広げ大きくすること
- A 拡張
- B 巨大
- C 変化
- D 大量
- E 増加

基本的な解き方は、前項の「語句の用法（多義語）」と同じです。**前提の下線部分の言葉と同じ意味で用いられている言葉**を選びます。なお、この問題は類似の内容がSCOA試験やTG-WEB試験の言語分野でも出題されます。

❶ 本問では、「死ぬこと」を意味するのは、Dの「物故（ぶっこ）」となります。これに対して、
- A 「葬儀」は死後の葬式のことであり、死ぬことそのものではない
- B 「衰弱」は弱った状態であり、死ぬことではない
- C 「病理」は病気に関する理論であって、死ぬことではない
- E 「無心」は心を空っぽにすることであり、死ぬことではない

ですので、正解はDとなります。

正解 D

❷ 本問では、「範囲を広げ大きくすること」を意味するのは、Aの「拡張」となります。これに対して、
- B 「巨大」は大きいことであり、広げて大きくするという意味はない
- C 「変化」は質や量を変更することであり、必ずしも大きく広げることではない
- D 「大量」は量が多いことであり、範囲を広げることではない
- E 「増加」は増やすことではあるが、範囲を広げることそのものではない

ですので、正解はAとなります。

正解 A

熟語の意味の問題は、たいてい最初のほうで出題される問題です。しっかりと正解して、よいリズムで残りの問題にのぞみましょう。

練習問題 熟語の意味

問題 下線部の言葉と、意味が最も合致するものを1つ選びなさい。

❶ Check □□□

ある地位に就いている者を他の者に代えること

- A 転勤
- B 交互
- C 左遷
- D 栄転
- E 更迭

❷ Check □□□

必要物をやりくりしてそろえること

- A 用意
- B 準備
- C 工面
- D 交渉
- E 具備

❸ Check □□□

悪いことを考えだす知恵のこと

- A 才知
- B 巧緻(こうち)
- C 機智
- D 奸智(かんち)
- E 頓知(とんち)

❹ Check □□□

身分の高い人の兄弟姉妹

- A 貴種(きしゅ)
- B 連枝(れんし)
- C 郎党(ろうとう)
- D 朋輩(ほうばい)
- E 閨閥(けいばつ)

❺ Check □□□

最も優れている者、飛びぬけた人物

- A 君子
- B 賢才
- C 白眉(はくび)
- D 巨魁(きょかい)
- E 大愚(たいぐ)

❻ Check □□□

他国の国籍を得て当該国の国民となる

- A 帰化
- B 帰依
- C 遷化
- D 帰還
- E 帰属

142

7 Check □□□

いたましくむごたらしいこと

- A　悲壮
- B　悲劇
- C　残忍
- D　哀悼
- E　酸鼻

8 Check □□□

非常に危険な場面・状態

- A　敵地
- B　戦場
- C　地獄
- D　背水
- E　虎口(ここう)

9 Check □□□

寺院や僧侶等に進んで寄付をすること

- A　賽銭(さいせん)
- B　供物
- C　協賛
- D　喜捨(きしゃ)
- E　献上

10 Check □□□

流れをさかのぼっていくこと

- A　遡上(そじょう)
- B　上昇
- C　高踏(こうとう)
- D　昇進
- E　向上

11 Check □□□

勢いが急にくじけること

- A　骨折り
- B　頓挫
- C　疲労
- D　徒労
- E　吐露

12 Check □□□

背を向けて走り去ること

- A　背馳
- B　背反
- C　抵抗
- D　対抗
- E　背理

13 Check □□□

名前を受け継いで自分の名にすること

- A　命名
- B　世襲
- C　芳名
- D　襲名
- E　代襲

14 Check □□□

無駄な骨折り

- A　苦労
- B　辛苦
- C　辛酸
- D　艱難
- E　徒労

5 語句の用法（多義語）

下線部を別の言葉で言い換えてみよう

- **同じように言い換えられるもの**を選ぶのが最適な方法
- 迷ったら、**さらに別の言葉で置き換えてみる**こと
- 選択肢は**消去法**で検討すること

例題

下線部の語が最も近い意味で使われているものを1つ選びなさい。

❶ 彼の話なら、頭から疑ったほうがいい。
- A　将来のことを考えると頭が痛い。
- B　奥さんに頭が上がらなくなった。
- C　その曲の頭をもう一度演奏してください。
- D　富士山の頭の雪も溶けた。
- E　鈴木さんは頑固で頭でっかちだ。

❷ テレビ番組は山場でコマーシャルが入る。
- A　仕事の山をかかえているので、残業しなければならない。
- B　ここがこの試合の山だ。
- C　試験の山があたり、合格することができた。
- D　今年の夏は友人と山へキャンプに行く。
- E　宿題が山ほどあったが何とか終わらせた。

60秒で解く！

多義語の問題では、複数の意味を持つ語句が与えられ、その複数の意味から**前提と同じ意味で用いられているものを選ぶ**ことが要求されます。ここでは、前提の下線部分の言葉を別の言葉に置き換えて考えてみることがポイントです。同じように置き換えられる選択肢が正解肢となります。

❶ 本問では、前提の「頭」は「**最初**」「**冒頭**」という言葉で置き換えられます。これに対して、

　A　この「頭」は「物理的な頭」という意味
　B　この「頭」は「物理的な頭」という意味
　C　この「頭」は前提と同じく「最初」「冒頭」という意味
　D　この「頭」は「頂上」という意味
　E　この「頭」は「考え方」という意味

ですので、正解は**C**となります。

正解 **C**

❷ 本問では、前提の「山」は「**最も重要なところ**」という意味になります。これに対して、

　A　この「山」は「たくさん」という意味
　B　この「山」は前提と同じく「最も重要なところ」という意味
　C　この「山」は「出題予想」という意味
　D　この「山」は「物理的な山」という意味
　E　この「山」は「たくさん」という意味

ですので、正解は**B**となります。

正解 **B**

第3章 語句の用法（多義語）

145

練習問題 語句の用法（多義語）

 回答時間 5 分

解答・解説 ➡ 別冊28ページ

問題 下線部の語が最も近い意味で使われているものを1つ選びなさい。

① Check ☐☐☐

中村さんほど妹思いの人はいない。

- A　こんな思いをするぐらいなら、あのとき帰ればよかった。
- B　世の中思い通りにはいかないものだ。
- C　思いのほか物事が順調に進む。
- D　私はあの人は短気だと思います。
- E　私の思いをあの人に伝えたい。

② Check ☐☐☐

冒頭のくだりがよく書けている。

- A　連休に川くだりを楽しんだ。
- B　夫に対して三くだり半をつきつけた。
- C　感想文を書くのに必要なくだりを読む。
- D　3番線にくだりの列車がきた。
- E　くだり鰹。

③ Check ☐☐☐

先生、ちょっとお話があります。

- A　あの大学教授は話がうまい。
- B　長時間話し合って、決心を固めた。
- C　深夜に電話で友人と話し込んだ。
- D　子どもに浦島太郎のお話を聞かせる。
- E　相手選手に比べると、私なんか話にならない。

④ Check ☐☐☐

十分に調査した上でお答えする。

- A　最終決定は会議を開いた上で行う。
- B　毛布の上にふとんをかける。
- C　犯人は被害者を殺害した上、金を奪った。
- D　勝敗の上では勝ったが、内容では負けた。
- E　早く帰ってきて荷物を上にあげてね。

5 Check ☐☐☐

お客様は<u>目</u>が肥えている。

- ○ A　<u>目</u>のやり場に困る。
- ○ B　彼の行動は<u>目</u>にあまる。
- ○ C　<u>目</u>を閉じたままの状態で待つ。
- ○ D　これに注目するとは<u>目</u>が高い。
- ○ E　忙しくて<u>目</u>が回るよ。

6 Check ☐☐☐

可能な限り<u>手</u>をつくすことにした。

- ○ A　このセーターは<u>手</u>がこんでいるね。
- ○ B　こうする他に<u>手</u>がないのが現状だ。
- ○ C　<u>手</u>ごわい相手と対戦することになった。
- ○ D　もうすぐ子どもが<u>手</u>をはなれることになる。
- ○ E　もう少し原稿に<u>手</u>を入れることにした。

7 Check ☐☐☐

新しいシャツを<u>下ろす</u>。

- ○ A　あの荷物を<u>下ろす</u>のを手伝ってください。
- ○ B　次の駅で乗客を<u>下ろす</u>。
- ○ C　山のほうから吹き<u>下ろす</u>風に飛ばされる。
- ○ D　高校の入学式にスーツを<u>下ろ</u>すことにした。
- ○ E　おろしがねで大根を<u>下ろす</u>。

8 Check ☐☐☐

わなをしかけて魚を<u>とる</u>。

- ○ A　年賀状用に写真を<u>とる</u>。
- ○ B　荷物が大きくて場所を<u>とる</u>。
- ○ C　助監督が指揮を<u>とる</u>ことになった。
- ○ D　年を<u>とる</u>と愚痴が多くなってくる。
- ○ E　雑木林でセミを<u>とる</u>ことになった。

9 Check ☐☐☐

最後の人は蛍光灯を<u>きる</u>ように。

- ○ A　新しい洋服を<u>きる</u>。
- ○ B　アルバイト店員の首を<u>きる</u>。
- ○ C　いやあ、恩に<u>きる</u>よ。
- ○ D　ラジオのスイッチを<u>きる</u>。
- ○ E　ナイフで手を<u>きる</u>。

10 Check ☐☐☐

わが国の将来は<u>明るい</u>。

- ○ A　浜田さんは<u>明るい</u>人だ。
- ○ B　この部屋は<u>明るい</u>。
- ○ C　<u>明るい</u>明日へ向かって羽ばたく。
- ○ D　田中さんは歴史に<u>明るい</u>。
- ○ E　<u>明るい</u>日差しを浴びる。

第**3**章

語句の用法（多義語）

6 語句の用法（文法）

ポイント よく出題される品詞の用法を覚える

- ●「で」「に」「の」「と」「そうだ」「つつ」「れる・られる」
  のそれぞれの**典型的な用法パターン**の特徴をつかむ
- ●選択肢をよく比較して、**消去法**でベストなものを選ぶ

例題　Check □□□　　出題頻度 ★★☆　難易度 ★★☆

下線部の語が最も近い意味で使われているものを1つ選びなさい。

❶ 人格者だといわれる。
- ○ A　生徒に慕われる先生だ。
- ○ B　この川では鮎が釣れる。
- ○ C　ふるさとの旧友が思い出される。
- ○ D　部長は栄転されるそうです。
- ○ E　若い死が悔やまれる。

❷ 私も食べるといった。
- ○ A　先日あった人と同じだ。
- ○ B　読むと心が洗われる本だ。
- ○ C　兄と映画を見に行った。
- ○ D　やめてくれと彼に伝えた。
- ○ E　この仕事が終わると帰れる。

文法の問題では出題される言葉は限られています。以下の表にまとめておきますので、しっかりと見分けられるように準備しておきましょう。

で	**場所**や**時間**を表す・**状況**を表す・**原因**を表す・**手段**を表す・**断定**の助動詞
に	**場所**や**時間**を表す・**原因**を表す・**目的**や**対象**を表す・**動作の源**を表す
の	**主語**を表す・**連体修飾語**を表す・**並列**を表す・「**もの**」「**こと**」を表す
と	**相手**を表す・**引用**を表す・**比較**を表す・**結果**を表す
そうだ	**伝聞**を表す・**推定**を表す・**様態**を表す
つつ	**継続**を表す・**同時並行**を表す・**逆接**を表す
れる・られる	**受身**を表す・**可能**を表す・**尊敬**を表す・**自発**を表す・**動詞の一部**を表す

※詳細は170ページのコラム参照

❶ 本問では、前提の「れる」は「受身」の意味で使用されています。これに対して、

　A 「生徒に慕われる先生だ。」は「受身」の意味
　B 「この川では鮎が釣れる。」は「可能」の意味
　C 「ふるさとの旧友が思い出される。」は「自発」の意味
　D 「部長は栄転されるそうです。」は「尊敬」の意味
　E 「若い死が悔やまれる。」は「自発」の意味

ですので、正解は**A**となります。

正解 **A**

❷ 本問では、前提の「と」は「引用」の意味で使用されています。これに対して、

　A 「先日あった人と同じだ。」は「相手」の意味
　B 「読むと心が洗われる本だ。」は「結果」の意味
　C 「兄と映画を見に行った。」は「相手」の意味
　D 「やめてくれと彼に伝えた。」は「引用」の意味
　E 「この仕事が終わると帰れる。」は「結果」の意味

ですので、正解は**D**となります。

正解 **D**

練習問題 語句の用法（文法）

回答時間 **5** 分
解答・解説 ➡ 別冊29ページ

問題 下線部の語が最も近い意味で使われているものを1つ選びなさい。

① Check □□□

大きいのをください。

- A　月のきれいな夜だ。
- B　その人は帰った。
- C　彼はいつ来るの。
- D　あなたのがいい。
- E　これが父のやり方だ。

② Check □□□

私は、子どもに好かれる性格です。

- A　麦は踏まれるとなお強くなる。
- B　日本は今後ますますきびしくなると思われる。
- C　故郷の母のことがしきりに思い出される。
- D　上司が転任されることになりました。
- E　この川は、子どもでも渡れるでしょうか。

③ Check □□□

景色を見つつフライトを楽しんだ。

- A　宿題をやっておきつつ持ってこなかった。
- B　音楽をかけつつ勉強をした。
- C　やめようと思いつつもついもう一杯飲んだ。
- D　プレゼントを買っていつつ渡せなかった。
- E　ホームランを打ちつつ試合に負けた。

④ Check □□□

大会で新記録を出した。

- A　法事で会社を休む。
- B　レタスでサラダを作った。
- C　最高速度で駆け抜ける。
- D　私は日本人で東京に住んでいる。
- E　グラウンドで練習する。

150

5 Check □□□

結婚してくれと彼女に言った。

- A その角を曲がると後はまっすぐだ。
- B 昨日買った本と同じだ。
- C 父と釣りに行った。
- D 僕も帰ると言った。
- E この仕事が終わると帰れる。

6 Check □□□

今日は美しい夕焼けになりそうだ。

- A あの布団は柔らかそうだ。
- B 彼女の仕事は秘書だそうだ。
- C 彼女は明日大学を休むそうだ。
- D 彼は僕に似ているそうだ。
- E 決勝の相手チームは強いそうだ。

7 Check □□□

正午に会う。

- A 東京に行く。
- B 勉強に使う。
- C 買い物に出かける。
- D 夫の病気に悩まされる。
- E 6時に帰る。

8 Check □□□

水できれいにする。

- A 腹痛で休む。
- B コンビニでタバコを買う。
- C 花で飾る。
- D 1人で暮らす。
- E お祝いでもらった置物。

9 Check □□□

雪の降る朝。

- A 父の形見。
- B 私の本。
- C 安いのがいい。
- D 財布がないの、メガネがないの、と騒いだ。
- E 月の出る頃。

10 Check □□□

夫に別れを告げた。

- A 彼女に隠し事がある。
- B 仕事に出かけた。
- C 大阪に住む。
- D 水害に悩まされた。
- E ベニスに死す。

第3章 語句の用法（文法）

7 反対語

訓読みに分解して考えてみる

- **2つの文字に分解**して考える
- 各字を訓読みにして**反対語を考える**
- 「**最もはっきりした反対語**」を比較して選ぶ

例題　Check □□□　　出題頻度 ★★　　難易度 ★☆☆

最初に示された言葉と最もはっきりした反対語をAからEの中から1つ選びなさい。

❶ 急性
- A　陰性
- B　慣性
- C　惰性
- D　耐性
- E　慢性

❷ 複雑
- A　容易
- B　普通
- C　一瞬
- D　単純
- E　誠意

３０秒で解く！

反対語はペーパー式試験でしか出題されないタイプの問題です。「二語の関係」のタイプとよく似ています。

与えられた言葉の反意語を回答すればいいわけですが、ひっかけとなりうるような選択肢も出題されますので、単純ではありません。まずは、与えられた熟語を２つに分解し、訓読みにしてみることで、反対の意味が考えやすくなります。また、熟語全体で１つの意味を持っている場合もありますので、注意しましょう。出題形式として、「最もはっきりした反対語」が問われているわけですから、選択肢をよく比較して検討するようにしましょう。

❶ 設問の「急性」は予期できず急に起こったという意味になるので、それと反対の意味の言葉を選ぶことになります。これに対して、

- A 「陰性」は陽性の反対語で、急でないという意味はない
- B 「慣性」は自然にという意味で、急でないという意味ではない
- C 「惰性」はこれまでの習慣でという意味で、急でないという意味ではない
- D 「耐性」は耐えられる力をいい、急でないという意味ではない
- E 「慢性」は急ではなく前からずっとという意味なので、反意語として適切

ですので、正解は**E**となります。

> 正解 **E**

❷ 設問の「複雑」はややこしいという意味になるので、それと反対の意味の言葉を選ぶことになります。これに対して、

- A 「容易」は簡単という意味で、ややこしくないという意味ではない
- B 「普通」は一般的という意味で、ややこしくないという意味ではない
- C 「一瞬」にはややこしくないという意味はない
- D 「単純」はややこしくないという意味で、反意語として適切
- E 「誠意」にはややこしくないという意味はない

ですので、正解は**D**となります。

> 正解 **D**

回答時間も短く、素早く回答しなければなりません。消去法を用いつつ、てきぱきと回答できるように心がけましょう。

第**3**章

反対語

153

練習問題 反対語

回答時間 **4**分
解答・解説 ➡ 別冊30ページ

問題 最初に示された言葉と最もはっきりした反対語をAからEの中から1つ選びなさい。

❶ Check ☐☐☐
普通
- A 特別
- B 一般
- C 異常
- D 例外
- E 専門

❷ Check ☐☐☐
超過
- A 満員
- B 未満
- C 割引
- D 以下
- E 減少

❸ Check ☐☐☐
異例
- A 例外
- B 特例
- C 通例
- D 恒例
- E 凡例

❹ Check ☐☐☐
残品
- A 余剰
- B 景品
- C 粗品
- D 完品
- E 一品

❺ Check ☐☐☐
優越
- A 粗悪
- B 一般
- C 劣悪
- D 通常
- E 劣後

❻ Check ☐☐☐
貴重
- A 軽賤
- B 退屈
- C 虚無
- D 一般
- E 未完

7 Check □□□

高大

- A　縮小
- B　卑小
- C　低下
- D　軽薄
- E　粗悪

8 Check □□□

実践

- A　机上
- B　計算
- C　理論
- D　学問
- E　実証

9 Check □□□

統一

- A　割譲
- B　細分
- C　開裂
- D　分裂
- E　崩壊

10 Check □□□

収縮

- A　拡大
- B　増加
- C　多大
- D　激増
- E　膨張

11 Check □□□

緊張

- A　弛緩
- B　堂々
- C　平心
- D　静慮
- E　無心

12 Check □□□

綿密

- A　緻密
- B　粗雑
- C　寛容
- D　概要
- E　皆無

13 Check □□□

雄弁

- A　詭弁
- B　弁護
- C　訥弁
- D　陳弁
- E　抗弁

14 Check □□□

陳腐

- A　優秀
- B　佳品
- C　新鮮
- D　新奇
- E　改良

| テスト | ペーパー | Web |

8 並べ替え問題

ポイント 「接続詞」「指示語」「キーワード」の3つをヒントに

- **同格の接続詞**（「つまり」等）や**逆接の接続詞**（「しかし」等）をヒントに分析
- **指示語**（「その」「彼ら」等）が何を指しているかをヒントに文章の前後を考える
- **同じキーワード**を含む文章どうしはつながることが多い

例題　Check☐☐☐

出題頻度 ★★☆　難易度 ★★☆

次の文を読んで各問に答えなさい。

この問題は2問組です

ア　これには受験者増をねらう検定試験実施団体側からのねらいもあるようである。

イ　なかでも、最近各社が新しくつけているのが「検定試験」の試験対策である。

ウ　いまや高校生や大学生の入学祝いに祖父母などから贈られることの多い「電子辞書」。

エ　英語検定や漢字検定などはもちろん、最近ではTOEICや日本語検定などの学習機能がついているものもある。

オ　最近のものは高性能で、辞書以外にもさまざまな機能がついている。iPad などとあまり変わらないようなタッチパッド機能があったり、音声で語学学習ができたりとさまざまだ。

1 アからオを意味がとおるように並べ替えた場合、イの次にくる文章を選びなさい。

○ A　ア　　　　　　○ B　ウ　　　　　　○ C　エ
○ D　オ　　　　　　○ E　イが最後の文章

2 アからオを意味がとおるように並べ替えた場合、アの次にくる文章を選びなさい。

○ A　イ　　　　　　○ B　ウ　　　　　　○ C　エ
○ D　オ　　　　　　○ E　アが最後の文章

60秒で解く！

並べ替えの問題では、5つ程度の文章を順に並べ替えることが要求されます。並べ替えの際には、各記述中の**「接続詞」「指示語」「キーワード」**などに注意すると、ヒントになります。なお、この問題は類似の内容がTG-WEB試験の言語分野でも出題されます。

本問では、まず話の全体は、**電子辞書**についてのものであることがわかります。「電子辞書」について書かれているウ、オの記述のうち、最初の記述はウで、次にオが続くことがわかります。
次に「検定」というキーワードについて検討します。「検定」についての記述は、ア、イ、エですが、アの記述はイやエの説明を受けて**「これには」**としているため、最後にくることがわかります。また、イとエでは「検定試験」の**一般論**を述べているイが先、**各論**について述べているエが後になります。

以上により、正しい並べ方は「**ウ→オ→イ→エ→ア**」の順となります。

1 イの次にくる文章は**エ**となります。

正解 C

2 アは最後の文章となります。

正解 E

並べ替えの問題は、必ず2問組の形で出題されるため、間違えると2点差がついてしまうことになるので注意が必要です。

第3章

並べ替え問題

練習問題 並べ替え問題

回答時間 **5**分
解答・解説 ➡ 別冊31ページ

問題1

次の文を読んで各問に答えなさい。

この問題は2問組です

ア　凶悪犯罪率が全米ワーストワンであるという不名誉な記録もあるが、コカコーラの本社やCNNの本部などがあり、このあたり一帯では最も大きな都市である。

イ　とにかく駐在員になると、日本から会社の役員等が出張と銘打ってよく遊びに来るそうだ。

ウ　こんなアトランタだからこそ、日本の企業も多数進出しており、大企業の多くは現地に駐在スタッフを派遣している。

エ　アメリカ合衆国の南部に位置するジョージア州の州都「アトランタ」は人口40万人ほどの都市であり、1996年に夏季オリンピックが開催されたことで日本でも一気に知名度が高まった。

オ　そこで、これはアトランタに限ったことではないが、駐在員の大切な業務の一つとして、日本から来た会社上司に対する接待を行うことが必要となってくる。

1 Check □□□

アからオを意味がとおるように並べ替えた場合、アの次にくる文章を選びなさい。

○ A　イ　　　○ B　ウ　　　○ C　エ
○ D　オ　　　○ E　アが最後の文

2 Check □□□

アからオを意味がとおるように並べ替えた場合、エの次にくる文章を選びなさい。

○ A　ア　　　○ B　イ　　　○ C　ウ
○ D　オ　　　○ E　エが最後の文

問題2

次の文を読んで各問に答えなさい。

この問題は2問組です

ア　そのせいか、掛け声の違いはあるにせよ、日本全国でジャンケンを知らない人はいないといえるぐらい、普及しています。

イ　この一見単純なゲームは実に奥が深く、「あいこ」もあるという点で、アメリカで行われるコイン・トスよりもずっとおもしろいと思います。

ウ　ただ、「勝率を上げる方法」ならばあります。

●158

エ　ところで、私が十年来考えていることですが、「ジャンケンに必勝法はあるので
　　しょうか」という問いに明確な答えが見つかりません。
オ　日本人は小さい頃から、ものごとをよくジャンケンで決めます。

1 Check☐☐☐

アからオを意味がとおるように並べ替えた場合、アの次にくる文章を選びなさい。

○ **A**　イ　　　　　　　○ **B**　ウ　　　　　　　○ **C**　エ
○ **D**　オ　　　　　　　○ **E**　アが最後の文

2 Check☐☐☐

アからオを意味がとおるように並べ替えた場合、オの次にくる文章を選びなさい。

○ **A**　ア　　　　　　　○ **B**　イ　　　　　　　○ **C**　ウ
○ **D**　エ　　　　　　　○ **E**　オが最後の文

問題3　次の文を読んで各問に答えなさい。
　　　　　この問題は2問組です

ア　世の中毎日新しい事との出会いであり、勉強をしてこそ、人間成長できるものである。
イ　引退の必要もない。
ウ　勉強をいつごろ引退するか、といっても勉強に定年はない。
エ　自分の知らないことを学習し、新たな知識や技能を身につけることこそが人間に
　　とって必要な勉強である。
オ　勉強といっても、小中学生が行っているような勉強や、受験のための勉強だけで
　　はない。

1 Check☐☐☐

アからオを意味がとおるように並べ替えた場合、アの次にくる文章を選びなさい。

○ **A**　イ　　　　　　　○ **B**　ウ　　　　　　　○ **C**　エ
○ **D**　オ　　　　　　　○ **E**　アが最後の文

2 Check☐☐☐

アからオを意味がとおるように並べ替えた場合、オの次にくる文章を選びなさい。

○ **A**　ア　　　　　　　○ **B**　イ　　　　　　　○ **C**　ウ
○ **D**　エ　　　　　　　○ **E**　オが最後の文

9 穴埋め問題

ポイント 空欄の直前・直後にあるヒントを見落とすな！

- **空欄の前後をよく読んで**ヒントを確実に探し出す
- 選択肢の中から、日本語としてつながらないもの
  → **消去法で消す**

例題　Check □□□　　出題頻度 ★★　難易度 ★★

文中の〔　　〕に入る最も適切な表現は次のうちどれか。

　現代の国家が法治主義的にできており、裁判はもとより行政一般が法治主義的に行われていることである。裁判、行政等の国家機能がすべて法治の原理に従って行われている以上、その運用に当る役人に法学的素養が必要なことは言うまでもないし、役所を相手に仕事をする一般国民が、自然、法学的素養を必要とすることになるのも当然だと言わなければならないからである。

　社会学的に今の世の中全体を考察してみると、法治的機構は必ずしも国家にのみ限られていない。会社その他民間の私企業も、その規模が大きくなるにつれて、すべて法治的機構によらなければ秩序正しい〔　　　〕な運営を期することができない。否、更に進んで考えれば、資本主義的経営そのものが初めから機械のように信頼し得る法律の存在を条件としてのみ可能なのであって、裁判や行政のような国家機能が法治的でなければならない主な理由もここにあると考えることができる。

（末弘厳太郎『法学とは何か』）

- ○ A　慈善的
- ○ B　公平
- ○ C　能率的
- ○ D　機械的
- ○ E　人道的
- ○ F　相対的

30秒で解く！

穴埋め問題では、**空欄の前後にあるヒント**をすばやく探し出すことが必要です。ヒントとしては、「**接続詞**」「**指示語**」「**キーワード**」などがあります。短時間で探せるようにしましょう。消去法で考えるとよい場合もあります。なお、この問題は類似の内容がTG-WEB試験の言語分野でも出題されます。

本問では、空欄の前に、「**規模が大きくなるにつれて**」と「**秩序正しい**」とあることから、「慈善的」、「公平」、「人道的」「相対的」が入ることは考えにくいといえます。残っているのは「能率的」と「機械的」ですが、空欄の後ろの部分を読んでいくと「**能率的**」が最も適切であると判断できます。

正解 **C**

第 **3** 章

穴埋め問題

穴埋め問題も、前章の並べ替え問題と同様に、テストセンター試験のみで出題される分野です。文章全部を読んでいる余裕があれば別ですが、そうでなくても正解することができるように準備しておきましょう。

練習問題 穴埋め問題

問題1 Check □□□

文中の〔　　〕に入る最も適切な表現は次のうちどれか。

　大学で習ったことそれ自身がそのまま役に立つのではなくして、むしろそれを忘れてしまった頃に初めて一人前の役人や会社員になれるという言葉も、法学教育の真の目的を理解してみれば非常に味わうべき言葉で、学生はもとより、現に法学教育に従事している人々にとっても深い〔　　　〕意味を持っている。大学で教えられた知識がそのまま実際の役に立たないことは、ひとり法学教育に限ったことではない。

（末弘厳太郎『法学とは何か』）

- ○ A　指導的
- ○ B　強制的
- ○ C　教育的
- ○ D　反動的
- ○ E　教訓的
- ○ F　創造的

問題2 Check □□□

文中の〔　　〕に入る最も適切な表現は次のうちどれか。

　不景気の時には、一般的には副業や就職のために資格を取得しようという動きが強くなるものの、これはあくまでも個人レベルの話。企業がそういったものにお金を使うことは少なくなり、資格のスクールなども広告宣伝費を削ることになる。資格試験を実施する団体のほうも受験料収入が減ることになり、資格取得を効果的に国民にアピールすることができなくなる。こういった負の〔　　　〕が資格・検定業界でも起こるのである。

（中村一樹『資格試験の近況』）

- ○ A　心情
- ○ B　連鎖
- ○ C　遺産
- ○ D　イメージ
- ○ E　連携
- ○ F　効果

問題3

文中の〔　　〕に入る最も適切な表現は次のうちどれか。

　我が国は今、長期の経済的低迷を脱して、持続的成長を回復するという課題に直面している。
　このためには、誰もが安心して働き、能力を発揮できる場を確保することが不可欠である。また、少子高齢化の進展と人口減少社会の到来に伴う労働力人口の減少の中で、〔　　〕な能力を有する人々の労働市場への参加の促進が求められている。同時に、今後の経済成長の源泉となり得る新たな需要の創造を推し進める必要がある。

（内閣府「男女共同参画白書」）

- A　潜在的
- B　有能
- C　顕在的
- D　特異
- E　個性的
- F　知的

問題4

文中の〔　　〕に入る最も適切な表現は次のうちどれか。

　科学・技術の振興に〔　　〕とされるこれらの人材は、研究者・技術者のみならず、大学、研究機関、民間企業、行政機関等におけるマネジメント人材、知財関係人材、産学官連携人材や、次代を担う人材を育成する理数教員などの多様な人材である。特に、少子化が急速に進展している我が国においては、これらの人材の一人一人が今まで以上に創造性・生産性を高めることが求められている。

（文部科学省「科学技術白書」）

- A　一見無駄
- B　協力的
- C　無関心
- D　必要不可欠
- E　有能
- F　有益

問題5

文中の〔　　〕に入る最も適切な表現は次のうちどれか。

　また、我が国の教育制度は、特に、初等中等教育については、教育の機会均等を〔　　〕しながら高い教育水準を確保する稀有な成功例として、国際的にも高い評価を得てきています。国民一人一人が、その能力を存分に発揮できるようにするためには、経済的・社会的な事情にかかわらず、誰に対しても能力に応じて等しく教育を受ける機会が確保されることが何よりも重要です。

（文部科学省「文部科学白書」）

- A　実現
- B　許容
- C　実行
- D　遂行
- E　発揮
- F　想像

10 文節の並べ替え（WEBテスティング）

 前後の文章を手がかりに正しい順番を考える

- **最初と最後**の空欄から考える
- 選択肢の**指示語と接続詞**に注目すると文章の前後関係がわかる
- 確実だと見られる関係から順に埋めていく

例題　Check □□□　　出題頻度 ★★★　　難易度 ★★☆

文中のア〜エの空欄にA〜Dの語句を入れて、文章を完成させなさい。

笑顔のあいさつには、
（　ア　）（　イ　）（　ウ　）（　エ　）
より円滑になる。

A　相手に安心感を与えることができ、
B　ビジネスや日常生活における人間関係が、
C　そのため、緊張をほぐすという効果もあるので、
D　互いの存在を認識できる以外にも、

文節の並べ替えの問題は、確実だと見られる関係のものから順に埋めていき、消去法によって選択肢を減らしていくのがポイントです。文章の内容にもよりますが、以下のような順で検討していくとよいでしょう。

①最初と最後の空欄に入るものを探す

空欄の前に文章が与えられているので、最初の空欄に入るものと、4つの空欄に続く文章は述語部分となるという関係から、最後の空欄に入るものは比較的判定しやすいでしょう。

②文法の関係から前後関係がわかる文節に注目する

例えば、「〜も」という文節ならば、「〜も」は何かと何かを並列に表している場合に使われるので、その前後には同じ種類の言葉が入ることがわかります。このように、**文法上の制約から文節どうしのつながりを考えてみる**と、大きなヒントになることもあります。

例題は、最後の文の「より円滑になる」に注目し、エに入る文節から考えてみます。**「何か」**が**「円滑になる」**ということですから、選択肢からエに入るのはBの「〜人間関係が」がふさわしいということになります。
次に、何かと何かを**並列に表している「〜も」に注目**すると、D「互いの存在を認識できる以外にも、」A「相手に安心感を与えることができ、」と、D→Aがつながることがわかります。D→Aが入る空欄を考えたとき、C「そのため、緊張をほぐす〜」は、アには不適切なので、D→Aはア、イに入ることが確定します。
Cの「そのため」は**帰結を導く順接の接続詞**なので、「緊張をほぐす」原因を他の選択肢から探します。すると、選択肢の中では、A「安心感を与えることができ、」が適切です。よって、A→Cがつながることがわかります。

正解 ア・D イ・A ウ・C エ・B

熟語の成り立ち（WEBテスティング）

5種類の熟語の成り立ちパターンを押さえる

- 2つの漢字を訓読みして、
 どんな漢字が重なっているかを考えるとヒントになる

例題

Check ☐☐☐　　出題頻度 ★★★　　難易度 ★★☆

次の5つの熟語の成り立ちとして、当てはまるものをA〜Dの中から1つずつ選びなさい。

(1) 高　低
(2) 善　戦
(3) 尽　力
(4) 創　造
(5) 仮　病

○ A　似た意味を持つ漢字を重ねる
○ B　反対の意味を持つ漢字を重ねる
○ C　動詞の後に目的語をおく
○ D　A〜Cのどれにも当てはまらない

３０秒で解く！

出題される熟語の関係、つまり選択肢のパターンには以下のようなものがあります。

	意味	具体例
類似	似た意味を持つ漢字を重ねる	**増加・切断** 「増加」はどちらも「プラスする」という意味
反対	反対の意味を持つ漢字を重ねる	**昇降・古今** 「昇降」は「昇る」と「降りる」だから反対である
動詞の後	動詞の後に目的語をおく	**演劇・読書** 「演劇」は「劇を演じる」という意味。前の漢字が動詞になっている
修飾	前の漢字が後の漢字を修飾する	**最後・大雨** 「最後」は「最も後」ということで、どのくらい「後」なのかを前の漢字が説明している
主語と述語	主語と述語の関係にある	**民営・頭痛** 「民営」は「民間が運営する」という意味で、主語と述語の関係にある
その他	上記のいずれにも当てはまらない	――

(1)「高低」の「高」は「**高い**」、「低」は「**低い**」という意味。これは、「**反対の意味を持つ漢字を重ねる**」パターンです。　　正解 **B**

(2)「善戦」は「**よく戦う**」という意味。これは「**前の漢字が後の漢字を修飾する**」パターンですが、選択肢の中にはないので、「Ａ～Ｃのどれにも当てはまらない」となります。　　正解 **D**

(3)「尽力」は「**力を尽くす**」という意味。「**尽くす**」の目的語が「**力**」となっているので、「**動詞の後に目的語をおく**」パターンです。　　正解 **C**

(4)「創造」の「創」は「**新しくつくる**」という意味で、「造」にも「**つくる**」という意味があります。両者は、「**似た意味を持つ漢字を重ねる**」パターンです。　　正解 **A**

(5)「仮病」は「**にせものの病気**」という意味。「**前の漢字が後の漢字を修飾する**」パターンですが、選択肢の中にはないので、「Ａ～Ｃのどれにも当てはまらない」となります。　　正解 **D**

第**3**章

熟語の成り立ち（ＷＥＢテスティング）

12 文章のつながり（WEBテスティング）

空欄の直前・直後の言葉からヒントをつかむ

- 与えられた文章の内容から、空欄の文章を推測する
- **指示語や接続詞**から文章を判断することもできる

例題

A～Eの中から最もつながりがよいものを1つずつ選び、次の3つの文を完成させなさい。ただし、同じ選択肢は重複して使ってはいけません。

(1) [　　　]、強運を引き込む手法というのもあるのです。
(2) [　　　]、解法テクニックというのは知っていて損することはないものなのです。
(3) [　　　]、テクニックというのはその保険に過ぎないことを忘れないようにしましょう。

（中村一樹『公務員試験最短攻略法33』）

○ A 「運も実力のうち」というように
○ B 正確な知識に基づいて正解した問題も
○ C 合格に必要な知識・技術を身に付けることが大切で
○ D きっちりと勉強しつつも不合格になってしまう人の点数は、
○ E 直感に頼るのはともかく

文章のつながりの問題は、以下の2つの手法が解き方のポイントとして挙げられます。

①与えられた文章と選択肢の文章の内容から推測する

どの文章とどの文章がつながるかを考える場合、どの文章も、はじめと終わりの部分がヒントになります。**空欄の直前・直後、選択肢の冒頭・文末**を手がかりにして、自然につながるのはどれかを推測します。

②指示語や接続詞の前後関係から判断する

接続詞がある場合は、その関係を分析することによって、空欄に入るべき選択肢の文章がどのような内容のものとつながるのが適切かを推測します。

(1) 空欄に続く文章は「強運を引き込む手法というのもあるのです」なので、空欄には**「運」に関する文章**が入ると考えられます。選択肢を見ると、Aには「運」というキーワードが入っており、意味もつながります。

正解 A

(2) 空欄に続く文章は「解法テクニックというのは知っていて損することはない」という内容です。つまり「テクニック」には重要性があるという意味なので、空欄にはそれとは**対照的な意味の文章**が入ると考えられます。選択肢を見ると、Eには「テクニック」とは対照的な「直感」という言葉があり、それを「ともかく」(〜はさておき) としているので、後の文章とつながります。

正解 E

(3) 空欄に続く文章は「テクニックというのはその保険に過ぎない」という内容です。つまり「テクニック」より大事なことがあるという内容なので、空欄には**もっと大事なことを述べた文章**が入ると考えられます。選択肢を見ると、Cには「身に付けることが大切で」とあり、「大切」という言葉が入っており、意味もつながります。

正解 C

多義語の使い分けの助動詞・助詞

　言語問題の「多義語の使い分け（文法）」は、その範囲が多岐にわたるように思えますが、実際に出題されるのはそれほど多くありません。下表は受検者のアンケートをもとにまとめた「頻出する助動詞と助詞」です。

で	場所・時間	学校で待ち合わせをする
	状況	満場一致で決める
	原因	風邪で休む
	手段	単語帳で覚える
	断定	彼は日本人である
に	場所・時間	7時に集合する
	原因	お祝いに贈る
	目的・対象	研修に行く
	動作の源	友人にほめられる
の	主語	私の作ったケーキ
	連体修飾	外国の絵本を買う
	並列	言ったの言わないのという喧嘩
	「もの」	お母さんのを借りる
と	相手	父親と出かける
	引用	合格すると思う
	比較	あなたと違います
	結果	幸せな結末となった
そうだ	伝聞	遅れてくるそうだ
	推定	今日は寒くなりそうだ
	様態	雨が降りそうだ
つつ	継続	季節が変わりつつある
	同時並行	ビールを飲みつつテレビを見る
	逆接	悪いと思いつつやってしまう
れる られる	受身	学級委員に推薦される
	可能	これならば売れる
	尊敬	先生が来られる
	自発	復興が待たれる
	動詞の一部	へとへとに疲れる

※これ以外の用法が出題される可能性もあります。

第4章

性格

性格検査について

① 性格検査の目的

　いくら企業の人事担当者がプロとはいえ、数回・短時間の面接で応募者一人ひとりの持ち味を把握するのがどれほど困難なことか、みなさんにも容易に想像がつくことでしょう。こんなときに、「性格検査」のような客観的なデータがあれば、あらかじめ質問すべき内容や、確認したいポイントなどを準備したうえで、応募者との面接試験を行うことができ、人事担当者としては大変心強いわけです。このように、性格検査は面接の客観的なデータとして、重要な資料となります。

　また、毎年くり返し同じ筆記試験を採用している企業においては、性格検査は既存の従業員との比較を行える重要なデータともなります。採用後の配属の決定にも利用している企業が少なくありません。

② SPI3性格検査の判定項目

　SPI 3 性格検査は、「性格特徴」「職務適応性」「組織適応性」に分けて判定されます。ただし、どの質問がどの尺度の質問なのかは受検者にわからないようになっています。また、同じ質問をくり返し行い、受検者の曖昧な判断や矛盾している点を探しあて、企業に報告するのです。

●性格特徴
次の４つの側面に大別され、さらに細かく分けた尺度から構成されています。

側面	尺度	測定内容
情緒的側面	敏感性	真面目さ・几帳面さ・心配性の度合い
	自責性	他者への思いやり・責任性・くよくよする度合い
	気分性	影響の受けやすさ・衝動性の度合い
	独自性	周囲への関心度・個性的な度合い
	自信性	自尊心・自己防衛性・一人合点の度合い
	高揚性	自由奔放・散漫の度合い
行動的側面	社会的外向性	社交意欲の高低
	内省性	思慮深さ・思考への興味
	身体活動性	活動性・機敏さ・気軽さ
	持続性	粘り強さ・忍耐力
	慎重性	見通しの良さ・計画性・過信性

意欲的側面	達成意欲	大きな目標を持つ
	活動意欲	バイタリティーがある
社会関係的側面	従順性	素直さ・従順さ
	回避性	リスク好み・対立好み
	批判性	受容性・反発性
	自己尊重性	自分への信頼・他人への尊重
	懐疑指向性	他人との距離感・疑り深さ

●職務適応性

次の14タイプの職務について、受検者の適性が示されます。

職務適応性	職務の内容
対人接触	多くの人とふれあう仕事
対人折衝	人と交渉する仕事
集団統率	リーダーとして全体をまとめる役
協調協力	周囲と協力しながら仕事を進める
サポート	他人を支える仕事
フットワーク	行動力を活かして仕事をする
スピーディー	手際よさが必要な仕事
予定外対応	突発的出来事に対応する
自律遂行	自分で考えながら進める仕事
プレッシャー	プレッシャーが大きな仕事
着実持続	粘り強くこつこつ積み重ねる
前例のない課題	新しいことに取り組む仕事
企画アイディア	発想やアイディアを大事にする
問題分析	難題を解決するような仕事

●組織適応性

次の4つの組織風土について、受検者の適性が示されます。

組織適応性	組織の中身
創造重視	新しいことをクリエイトする組織
結果重視	目標達成を第一に考える組織
調和重視	バランス感覚を大事にする組織
秩序重視	ルールに従って行動する組織

第4章 性格検査について

③ 性格検査の構成

SPI3試験の性格検査は以下のように3部構成の試験を実施しています。第一部と第三部はよく似た試験となっています。

	質問数	出題形式
第一部	90問程度（約12分）	A・Bいずれかを選ぶタイプ
第二部	130問程度（約13分）	どの程度当てはまるかを選ぶタイプ
第三部	70問程度（約11分）	A・Bいずれかを選ぶタイプ

第一部と第三部はAとBの2つの選択肢のうち、自分により当てはまるほうを選ぶ形式になっています。試験時間はそれぞれ10分強ですが、能力適性検査と同様に、画面ごとにも制限時間があるので、注意が必要です。

なお、SPI3以外の転職試験でも、性格検査が課されます。その内容は以下のようになっています。

玉手箱 Web-CAB	**4つの質問文**から1つずつ**YESとNOを選ぶ**形式の問題。優先順位などが問われる（**184ページ**参照）

SCOA	**二者択一**の問題と**YES・NO形式**の問題からなる。意欲や気質などが判断される

TG-WEB	数種類のテストから、企業が求める人材に応じて適したテストが実施される

それぞれ出題される形式が少しずつ違うものの、試験として問われている本質は似たり寄ったりですので、本章の問題を参考に回答してみてください。

> 性格検査はテストセンターの前に受検することが多いので、性格検査の種類によって、これから受ける試験が何であるか予測することができます。その試験に合わせて早めに受検対策をすることをお勧めします。

④ 性格検査の対策

（1）必ず全問回答する

大量の問題を短時間でこなす必要があります。1問を5〜7秒程度で30分以上回答し続けることは想像しているよりも大変なことです。回答しない部分があると、みなさんの性格が正しく判定されず、企業から悪い評価を受ける危険性もあります。可能な限り全問に回答できるように、どんどん進めていきましょう。

（2）「会社にふさわしい人物」として回答する

　性格検査においては「正解はない」「人の性格に大きな優劣はない」という人もいますが、必ずしもそうではないと思われます。この試験はあくまでも「この会社にふさわしい人物を選抜する試験」です。理想とされるような正解は、企業ごとに必ず存在します。

　検査においてはある程度「正直」に答えることが最も重要といえます。ただし、何でも本当に正直に答えてしまうと「ふさわしくない人物」と思われてしまう可能性もあります。説明会などで聞いた「理想とされる人物像」等を意識して、回答することも重要です。「どちらともいえないなあ」と思った場合には、企業が望むほうを選ぶという程度ならば問題ないといえるでしょう。

　自分をよく見せようとしたり、企業の求める人物像に無理やり合わせようとしたりして、かなり自分とかけ離れた人物像を作り上げる人もいますが、これはあまりよくありません。面接試験で大変な内容の質問ばかり投げかけられる人もいますが、こういった人は事前に受けた性格試験が原因になっていることが少なくありません。また、たとえ試験を突破して入社できたとしても、後になって「この会社は自分と合わない」と苦労するのは、みなさん自身です。「少し着飾る」程度ならばよいですが、やりすぎると、もろ刃の剣になってしまうことも頭に入れておきましょう。

（3）一貫して答えること

　性格検査では似たような質問が後でくり返されることも少なくありませんが、これは「ぶれ」を見るためのものです。正直に答えない部分については、一貫性を持ってのぞむようにしましょう。また、性格的に自分の強みにも弱みにもなりうるような質問については、あえて中間的な回答を選ぶのもコツです。

　インターネット等のサイトで、転職の適職診断や性格診断を無料で行えるものがあります。また大手の就職ナビなどで同様のサービスを行っています。心配な方は一度試してみましょう。自己分析の際のヒントとなる場合も少なくありません。

（4）性格検査の使い回しは要注意

　能力試験と同様に、性格検査についても試験結果を複数の企業に使い回すことができます。ただし、たとえ思い通りの結果が出ていても、使い回しをすることが必ずしも得策だとは限りません。

　企業によって求める人材は異なります。また、募集している職種や年度によっても理想とする人物はかわってきます。企業の採用説明などに参加することで、どのような人物を理想としているかはある程度わかりますが、そういった人物を演じようとするのであれば、企業間で使い回しをしないほうがいい場合があることはいうまでもありません。たとえ性格検査であっても、面倒でも再度受検したほうがいいかもしれないということを頭に入れておきましょう。

第4章　性格検査について

1 第一部・第三部（SPI 性格検査）

ポイント 自分にどの程度当てはまるかを回答

- AとBの**どちらが自分の考えに近いか**を答えよう
- 「どちらかといえば」ばかりにならないように注意
- 質問がどのような性格を判定しようとしているか考えてみよう
- 第三部では、第一部と矛盾しないようにしよう

　第一部と第三部では、ある尺度を測定するための質問が、左右で対になって出題されています。AとBのいずれがより自分に当てはまるか、4段階で判定します。真ん中の2つばかり選んでいると、自分の個性があまり表れないことになってしまうので、その通りだと思った場合には、積極的に両端の選択肢を選ぶようにしましょう。

例題

あなたがふだん感じていることや行っていることに近いほうを選びなさい。

5分

	A	Aに近い	どちらかといえばAに近い	どちらかといえばBに近い	Bに近い	B
1	人と会ったとき話題に苦労する	○	○	○	○	人と会ったとき話題にこと欠かない
2	想像力のある人と言われる	○	○	○	○	現実的な人と言われる
3	冷静な人だと言われたい	○	○	○	○	親切な人だと言われたい
4	方針はなるべく変えないほうがよい	○	○	○	○	ものごとには柔軟性が大切だ
5	なかなか知り合いになれない	○	○	○	○	すぐに知り合いになれる
6	独自のやり方を工夫するのが得意だ	○	○	○	○	与えられた仕事を忠実に行うのが得意だ
7	情の厚い人だと言われたい	○	○	○	○	道理をわきまえている人だと言われたい
8	伝統を大切にしなければ仕事ができない	○	○	○	○	伝統にとらわれていては仕事ができない
9	社交的なほうだ	○	○	○	○	控えめなほうだ
10	実務的な人と思われたい	○	○	○	○	学究的な人と思われたい

	A	Aに近い	Aにどちらかといえば近い	Bにどちらかといえば近い	Bに近い	B
11	人の気持ちを大切にする	○	○	○	○	人の権利を大切にする
12	旅行では前もってスケジュールをたてる	○	○	○	○	旅行ではスケジュールをたてずに行く
13	初めての人でも気にならない	○	○	○	○	初めての人に会うのはかなり努力を要する
14	皆と同じやり方が安心だ	○	○	○	○	自分独自のやり方を考えるほうだ
15	思いやりがないのはよくない	○	○	○	○	不合理であるのはよくない
16	スケジュールをたててからやるほうだ	○	○	○	○	スケジュールをたてずにやるほうだ
17	会合ではよく知っている人とだけ話す	○	○	○	○	会合では誰とでも気軽に話をする
18	夢のある人が好きだ	○	○	○	○	常識のある人が好きだ
19	理性的な人のもとで働きたい	○	○	○	○	親切な人のもとで働きたい
20	多くの原理を応用する人になりたい	○	○	○	○	一つの原理を極める人になりたい

第4章

第一部・第三部（SPI性格検査）

	A	Aに近い	Aにどちらかといえば近い	Bにどちらかといえば近い	Bに近い	B
21	会合では人を紹介するほうである	○	○	○	○	会合では人に紹介されるほうである
22	研究は理論的体系をつくることが大切だ	○	○	○	○	研究は実生活に役立つことが大切だ
23	温情を示しすぎることはよくない	○	○	○	○	合理的に割り切りすぎることはよくない
24	枠にはまった仕事は堅苦しくて嫌だ	○	○	○	○	やり方の決まった仕事が安心だ
25	人前で話すことは気にならない	○	○	○	○	人前で話すことは苦手である
26	洞察力のあるほうだ	○	○	○	○	実行力のあるほうだ
27	人情を大切にする	○	○	○	○	ものの筋道を大切にする
28	やり方が変わっていくのは嫌いだ	○	○	○	○	決まりきったやり方に従うのは嫌いだ
29	人前で意見を発表するのは苦手だ	○	○	○	○	人前でも堂々と意見が言える
30	めんどうなことを考えるのは苦手だ	○	○	○	○	めんどうなことも丁寧に考える

第二部 (SPI性格検査)

ポイント 自分にどの程度当てはまるかを回答

- ●「どちらかといえば」ばかりにならないように注意
- ●**時間内に全問回答**できるよう、すばやく問題をこなそう
- ●質問がどのような性格を判定しようとしているか考えてみよう

　第二部では、質問文が1つとなり、4つの選択肢から回答を選択します。これも第一部や第三部と同様に、各質問がそれぞれ1つまたは複数の尺度と対応していることになり、どの選択肢を選ぶかによって、その尺度が高く評価されるか低く評価されるかが決まります。ほかの部と同様に、積極的に両端の選択肢を選ぶようにしましょう。

例題

あなたがふだん感じていることや行っていることに近いほうを選びなさい。

7分

	当てはまらない	どちらかといえば当てはまらない	どちらかといえば当てはまる	当てはまる
1 ゆううつになることが多い	○	○	○	○
2 失敗するといつまでも気になる	○	○	○	○
3 なにかにつけて刺激的なことが好きだ	○	○	○	○
4 そばに人がいるのはいやだと思う	○	○	○	○
5 他人に誤りを指摘されるとむっとすることがある	○	○	○	○
6 注目されるといい気分だと思う	○	○	○	○
7 内気なほうだ	○	○	○	○
8 考えごとをしていることが多い	○	○	○	○
9 スポーツをすることが好きだ	○	○	○	○
10 どちらかといえばしぶといほうだ	○	○	○	○

	当てはまる	どちらかといえば当てはまる	どちらかといえば当てはまらない	当てはまらない
11 先行きに不安なことが多い	○	○	○	○
12 完成したものよりも未完成なものに興味がある	○	○	○	○
13 じっくりと考えてから行動するとよく言われる	○	○	○	○
14 他人の秘密をつい話したくなる	○	○	○	○
15 病気ではないかと心配することが多い	○	○	○	○
16 なにかをしようとするときは迷うほうだ	○	○	○	○
17 たいくつになるとさわぎたくなる	○	○	○	○
18 融通がきかないほうだ	○	○	○	○
19 誰とでも気軽に話すことができる	○	○	○	○
20 はでな服装が好きなほうだ	○	○	○	○

	当てはまる	どちらかといえば当てはまる	どちらかといえば当てはまらない	当てはまらない
21 すぐに友だちができるほうだ	○	○	○	○
22 ものごとを慎重に考えるほうだと思う	○	○	○	○
23 積極的に行動するほうだと思う	○	○	○	○
24 行き詰まってもすぐにあきらめずにがんばってみる	○	○	○	○
25 計画倒れに終わることが多いほうだと思う	○	○	○	○
26 友だちが成功したと聞くと自分が落後したように感じる	○	○	○	○
27 なにごとも始めるのがおっくうに感じることがある	○	○	○	○
28 ボーとしていると幸せを感じることがある	○	○	○	○
29 とりこし苦労をするほうだ	○	○	○	○
30 考え込むことがよくある	○	○	○	○

第4章

第二部（SPI─性格検査）

採用担当者がみるSPI試験の『診断表』の中身とは?

　みなさんは、企業の手元に届く「SPI試験の診断表」はどのようなものかご存じでしょうか?　おそらく、みなさんの思っているものとずいぶん違うものとなっているのではないでしょうか。

　そもそも、SPI試験の診断表は、個人のテスト成績に関する部分はほとんどスペースがありません。確かに、この点数によって選抜を行っている企業がほとんどではありますが、成績に関することよりも、「性格検査」の評価に関することに、紙面の多くのスペースが割かれています。

　以下に、実際の診断表に書かれている事項を詳解します。参考にするとよいでしょう。

1 性格特徴
性格検査の結果として、「**行動的側面**」「**意欲的側面**」「**情緒的側面**」「**社会関係的側面**」の4つの分野に分けて、受検者の特徴が書かれます。

2 基礎能力検査とオプション検査の得点
「**言語能力**」「**非言語能力**」「**英語能力**」「**構造的把握力**」など、実際に受検した分野別に評価が記載されます。全体の合計点が記載されるわけではありません。

3 応答態度
性格検査の回答時に「自分をよく見せようとしている」という傾向があるかどうかについて表示されます。検査時には**矛盾のないように回答する**ことが必要です。

4 人物イメージ
1で述べた「性格特徴」の結果から、その人のイメージが文章で説明されます。この欄を読むことで、その受検者のおおよそのイメージを形成することができます。

5 チェックポイント
1で述べた「性格特徴」の結果から、面接などで確認すべきポイントが記載されます。面接官によっては、よく参考にしているようです。

6 職務適応性
どのような職務に適しているか、**14タイプ**のものから判断されます。それぞれ5段階で表示されます。

7 組織適応性
どのような組織に適しているか、**4タイプ**のものから判断されます。それぞれ5段階で表示されます。

第5章

その他の採用テスト

SPI3以外の採用テストについて

① SPI3以外の採用テストの種類

　先述のように、転職市場においては**SPI3試験が圧倒的なシェア**を占めていますので、この対策を確実に行っておくことが最重要となります。しかし、業種や職種によっては、これ以外の採用試験を行っている企業もあります。万全を期すため、これらの試験についても、概要を知っておくようにしましょう。

　本章では、SPI3以外の主な筆記試験について、例題を用いて紹介します。どのような問題が出題されているか探り、試験対策に役立ててください。

試験名	試験会社	試験方式	試験概要
玉手箱 **GAB** **C-GAB**	日本ＳＨＬ社	WEBテスト（玉手箱） ペーパーテスト（GAB） テストセンター（C-GAB）	言語・計数・性格からなる試験。言語はSPI3の「長文読解」、計数はSPI3の「表の読み取り」と類似で対策しやすい。業界・職種問わず、WEBテストとしてはSPI3とともに比較的よく使われている。商社や証券会社で特に多い。
CAB **Web-CAB**	日本ＳＨＬ社	ペーパーテスト（CAB） WEBテスト（Web-CAB）	四則計算・法則性・命令表・暗号解読・性格からなる試験。それぞれSPI3とは異なる特徴があるので独自の対策が必要。コンピュータ職の適性試験として広く用いられ、SEを目指す人は対策が必須といえる。
SCOA	ＮＯＭＡ総研	ペーパーテスト テストセンター	言語・数理・論理・英語・常識・性格と科目数の多い試験。他の試験にない社会や理科の問題もあり、対策は厄介である。近年テストセンター版が登場し、これから採用企業数が増えてくることも予想される試験である。
TG-WEB	ヒューマネージ	WEBテスト テストセンター	言語・計数・英語・性格からなる試験。特に計数では、立体の展開図など難解な数学の問題が多く、点数がとりにくいのが特徴。コンピュータで行う試験なので、その対策も必要。最近は新興企業を中心に、実施企業数が少し増えている。

② SPI3以外の試験対策

●筆記試験以外の準備も大切

　勉強時間が限られている社会人にとって、SPI3試験以外の試験対策を独自に行うのは効率的だとはいえません。採用を決定するうえで、筆記試験の占める割合はそれほど大きなものではありません。むしろ、**職務経歴書の作成をしっかりと練ったり、面接試験に向けた準備をしたりする**時間に割いたほうがよいでしょう。

　ただ、特定の企業への入社にこだわっている場合などに、インターネットや他の書籍で、「自分の本命である企業はこの試験を課している」という情報が入ってくることもあります。このような場合には、当該試験の新卒採用向けの対策書籍を購入して、独自に対策をやることもよいでしょう。後述の各試験については、市販本が何冊か販売されています。

●本書の対策がそのまま他の試験の対策につながる

　まずは、本書の**SPI3試験対策をしっかりと行う**ことが基本です。玉手箱・SCOA・TG-WEBの各試験では、集合や推論などSPI3と類似の分野が多数出題されていますので、本書の対策がそのまま他の試験の対策にもつながります。

　採用試験は**他の志願者との間の相対評価で決まる**ので、あくまでも「全く対策していない人よりも少しでもよい点数を取ること」が筆記試験における最大の目標です。このあたりが高校入試や大学入試と違うところだということを忘れないようにしましょう。

　次ページからは、転職者に実施されている代表的なWEBテストとして、「玉手箱」「Web-CAB」「TG-WEB」を紹介します。

第5章　SPI-3以外の採用テストについて

183

玉手箱

　玉手箱は、日本エス・エイチ・エル（SHL社）のWEBテストです。自宅受検型のWEBテストとしてはトップシェアの採用テストで、多くの大手・人気企業で実施されています。言語、計数、英語（オプション）の能力テストと性格検査からなります。

■性格検査の例題

自分に最も近いと思うものは、YES欄のA、B、C、Dのいずれか1つをチェックしてください。また、自分に最も遠いと思う場合は、NO欄のA、B、C、Dのいずれか1つをチェックしてください。

問題番号		YES	NO	▼・・【質問項目】
	A	○	○	何にでもチャレンジする
	B	○	○	誠実である
1	C	○	○	社交的である
	D	○	○	細かな作業が好き

■言語の例題

以下の本文を読んで、設問文1つ1つについてA・B・Cのいずれに当てはまるか答えなさい。

- A　文脈の論理から明らかに正しい。または正しい内容を含んでいる。
- B　文脈の論理から明らかに間違っている。または間違った内容を含んでいる。
- C　問題文の内容だけからでは、設問文では論理的に導けない。

　現在の世の中は実力主義。年功序列制も少しずつ崩壊しつつあり、老若男女を問わず、企業は実力のある人に目を向けるようになってきている。年俸制の導入、中途採用の奨励、ストックオプション制度など、実力主義を支えるさまざまな制度も充実してきている。

　また、大企業に勤めている会社員も、何か自分でアピールできるものがなけ

れば、いつリストラにあうか分からない時代である。そこで、自分という人間の存在意義を示すことができなければ、会社の中でも、社会全体の中でも生き残っていくことはできない。

21世紀になり、自分が社会の中で生き残っていくために、そして人生の勝者になるためには、自分自身を磨かなければならない。ちょうど自分という商品を市場で売り出すためには、他の商品にはない自分だけの特徴をつけなければいけないというのと同じである。

そして、この際には親や他人に頼るのではなく、自分の道は自分自身で決め、そして自分自身でそれを確実に実践していかなければ、確実な成功はやってこない。ただ、指をくわえて成功を待つのではなく、自分自ら行動を起こさなければならないのである。「運良く成功した」ではなく、「成功すべくして成功した」というようにならなければならない。

問1　最近では、社会人になってから大学・大学院に通ったり、海外に留学したりする人が増えてきている。

　　　○ A
　　　○ B
　　　○ C

問2　生き残っていくためには、自分だけの特徴を作り出すことが大事である。

　　　○ A
　　　○ B
　　　○ C

問3　親や他人に頼っていても、確実な成功がやってくることもある。

　　　○ A
　　　○ B
　　　○ C

■計数の例題①

□に入る数値として正しいものを選択肢の中から１つ選びなさい。

$45 \div \square = 3/4 \times 20$

○ 3
○ 5
○ 15
○ 20
○ 30

■計数の例題②

□に入る数値として正しいものを選択肢の中から１つ選びなさい。

$0.8 \times 0.005 = \square$

○ 0.4
○ 0.04
○ 0.004
○ 0.0004
○ 0.00004

■計数の例題③

次の表を見て、以下の問に答えなさい。

[2015年における火災の発生状況]

区分 ＼ 市	A	B	C	D	E
人口（指数）	100	135	203	64	60
出火件数	175	159	200	74	121
人口1万人当たりの死傷者数（人）	97	103	212	77	93
出火1件当たりの損害額（千円）	2,921	1,873	2,919	2,006	2,499

A市の出火の総損害額はいくらか (単位は千円)。

○ 124541
○ 247844
○ 347574
○ 426547
○ 511175

Web-CAB

　Web-CABは、玉手箱と同様に日本エス・エイチ・エル（SHL社）のWEBテストです。コンピュータ職の採用テストで、多くのIT関連企業が実施しています。四則逆算、法則性、命令表、暗号の能力テストと性格検査からなります。

■四則逆算の例題

□に入る数値として正しいものを選択肢の中から1つ選びなさい。

220の□％＝55

A　15
B　21
C　25
D　32
E　40

■法則性の例題

下の図形はある法則性に従って配列されています。「？」に当てはまる選択肢を1つ選び、法則性に従った図形の配列を完成させなさい。

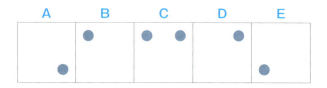

■命令表の例題

■暗号の例題

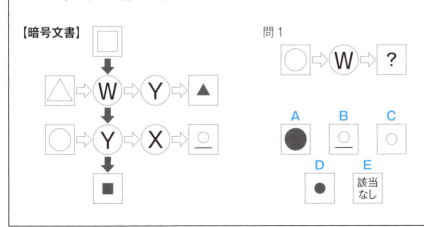

TG-WEB

TG-WEBは、ヒューマネージ社のWEBテストです。言語、計数、英語（オプション）の能力テストと性格検査からなります。ほかの採用テストに比べて、あまりなじみのない難易度の高い問題が出題される傾向があります。

■言語の例題

ある暗号で「杉並」が「9÷3、−4÷2、5÷5、14÷7」、「板橋」が「2÷1、4÷4、−6÷6、6÷3」で表されるとき、同じ暗号の法則で「28÷7、−6÷2、45÷9」と表されるのはどれか。

1　「足立」
2　「目黒」
3　「中野」
4　「豊島」
5　「渋谷」

■計数の例題

正方形の紙を図のように折っていき、「●」のところに穴をあけた。これを広げたときの図として正しいものは、次のうちどれか。

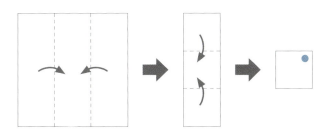

1
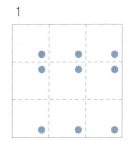

2
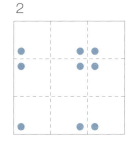

3
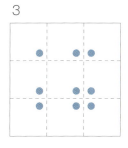

4
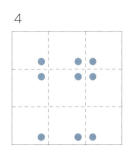

5
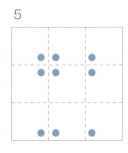

著者略歴

中村一樹（なかむら・いつき）

1972年三重県四日市市生まれ。東京大学工学部卒。株式会社クイック教育システムズ代表取締役。拓殖大学商学部講師。

公認会計士試験や社会保険労務士試験など、現在まで800以上にものぼる資格・検定試験に合格してきた自らの経験をもとに、就職筆記試験に合格するための最良の学習法を提唱することに余念がない。毎年多くの大学で試験突破のノウハウを伝授する講座を実施するとともに、数多くの有名企業の入社試験問題も自ら作成している。

●お問い合わせ●

本書の内容に関するお問い合わせは、書名・発行年月を明記の上、下記宛先まで書面またはFAXにてお願いいたします。電話によるお問い合わせはお受けしておりません。なお、本書の範囲をこえるご質問などにはお答えできませんので、あらかじめご了承ください。

〒101-0061
東京都千代田区三崎町2-11-9　石川ビル4F
有限会社ヴュー企画　読者質問係
FAX：03-5212-6056
e-mail：info@viewkikaku.co.jp

落丁・乱丁のあった場合は、送料当社負担でお取替えいたします。当社営業部宛にお送りください。

本書の複写、複製を希望される場合は、そのつど事前に、出版者著作権管理機構（電話：03-5244-5088、FAX：03-5244-5089、e-mail：info@jcopy.or.jp）の許諾を得てください。

JCOPY ＜出版者著作権管理機構　委託出版物＞

転職者SPI3				
2021年11月5日　発行				
著　者	中　村　一　樹			
発行者	富　永　靖　弘			
印刷所	誠宏印刷株式会社			

発行所　東京都台東区　株式　新星出版社
　　　　台東2丁目24　会社
　　　　〒110-0016　☎03(3831)0743

Ⓒ Itsuki Nakamura　　　　　　　　Printed in Japan

ISBN978-4-405-00607-2

すべての試験方式に対応！

転職攻略！
問題集

転職者 テストセンター・SPI3-G・WEBテスティング対応
SPI3
練習問題
別冊【解答・解説集】

新星出版社

矢印の方向に引くと
別冊が切り離せます。

1 推論①（正誤問題） ➡本冊30ページ

問題1

1 C

2枚のカードの合計について、
X　4・8・12・16　⇐ 4の倍数
Y　4・6・8・10・12・14・16・18　⇐ 偶数
Z　8・16　⇐ 8で割ると余りが0

となる。これにより、最も限定されている条件は「Z」で、最も自由な条件は「Y」となる。これを図に表すと、右のようになる。

ア　「X→Z」は正しくない。　イ　「Y→X」は正しくない。
ウ　「Z→Y」は正しい。
これにより、正しい推論はウのみとなる。

2 E

前小問の前提により、
カ　「X→Y」は正しい。　キ　「Y→Z」は正しくない。　ク　「Z→X」は正しい。
これにより、正しい推論はカとクとなる。

問題2

1 C

サイコロを2個振ったときの目について、
X　(4・6)(5・5)　⇐ 和が10
Y　X以外にも(1・1)など多数　⇐ 差が2以下
Z　(6・4)のみ

となる。これにより、最も限定されている条件は「Z」で、最も自由な条件は「Y」となる。これを図に表すと、右のようになる。

ア　「X→Z」は正しくない。　イ　「Y→X」は正しくない。
ウ　「Z→Y」は正しい。
これにより、正しい推論はウのみとなる。

2 E

前小問の前提により、
カ　「X→Y」は正しい。　キ　「Y→Z」は正しくない。　ク　「Z→X」は正しい。
これにより、正しい推論はカとクとなる。

2 推論②（人口密度）

➡本冊34ページ

問題1

1 **A**

P市、R市の面積を**1**、Q市の面積を**2**とおいて、右の表を作る。なお、「Q＋R」や「P＋Q」はそれぞれの市の面積と人口の和を求めてから、人口密度を計算することとする。

ア　Q市の人口294はR市の人口126より多いので、正しい。

イ　「Q＋R」の人口密度は140となるので、正しい。

市	人口密度	面積	人口
P市	84	1	84
Q市	147	2	294
R市	126	1	126
Q＋R	140	3	420
P＋Q	126	3	378

2 **A**

前小問を前提にすると、

カ　「P＋Q」の人口密度は、R市の人口密度と同じく126となるので、正しい。

キ　「P＋Q」の人口はR市の人口の378÷126＝3（倍）となるので、正しい。

問題2

1 **C**

甲、丙の食塩水の重さを**200**、乙の食塩水の重さを**100**とおいて、右の表を作る。なお、「甲＋乙」や「甲＋丙」はそれぞれの食塩水の重さと食塩の重さの和を求めてから、濃度を計算することとする。

ア　「甲＋乙」の濃度は10％となるので、正しい。

イ　乙に含まれる食塩の量18は丙に含まれる食塩の量24よりも少ないので、誤っている。

容器	濃度	食塩水	食塩
甲	6％	200	12
乙	18％	100	18
丙	12％	200	24
甲＋乙	10％	300	30
甲＋丙	9％	400	36
甲蒸発	12％	100	12

2 **A**

前小問を前提にすると、

カ　「甲＋丙」の濃度9％は、乙の濃度18％の半分となるので、正しい。

キ　甲から水だけ蒸発させた濃度は丙の濃度と同じ12％となるので、正しい。

！速解ポイント

人口密度は人の濃さと考えれば、濃度の問題も解き方は同じ（食塩水＝面積、食塩＝人口）

3 推論③（順位問題）

➡本冊38ページ

問題1

1 **H**

条件Ⅲより、RはPとQの間に入ることになる。これを前提に各条件をまとめると、次のようなパターンに分けられる。

重要 すべてのパターンを必ず書き出すこと

パターン	1位	2位	3位	4位
I	P	R	Q	S
II	Q	S	R	P
III	Q	R	S	P
IV	Q	R	P	S

ア　パターンII、III、IVだと誤っていることになる。
イ　パターンIだと誤っていることになる。
ウ　パターンIIだと誤っていることになる。

2　C

前小問の表を前提に考える。

カ　パターンI、IVのいずれかが決まらない。
キ　パターンII、III、IVのいずれかが決まらない。
ク　パターンIIに決まる。

問題2

1　E

条件IIIより、SはPとQの間に入ることになる。これを前提に各条件をまとめると、右のようなパターンに分けられる。これにより、Pの順位は1位か3位になる。

パターン	1位	2位	3位	4位
I	P	S	Q	R
II	Q	S	P	R

2　B

前小問の表を前提に考える。

カ　パターンIIだと誤っていることになる。
キ　必ず正しいことになる。
ク　パターンIIだと誤っていることになる。

4 推論④（内訳問題）

➡本冊42ページ

問題1

1　C

ア　りんごが5個、みかんが4個、柿が3個の場合もあるので、誤っている。
イ　りんごが4個、みかんが5個、柿が3個の場合もあるので、誤っている。
ウ　柿が4個の場合には、りんごとみかんは2個と6個、または3個と5個となるので、正しい。

2　E

カ　りんごと柿が2個の場合はみかんが8個、りんごと柿が3個の場合はみかんが6個となるので、正しい。
キ　りんごが3個、みかんが5個、柿が4個の場合もあるので、誤っている。
ク　りんごとみかんが5個、柿が2個の場合しかないので、正しい。

問題2

1 **B**

ア　高校生が5人、中学生が2人、小学生が3人の場合もあるので、誤っている。

イ　高校生が4人、中学生が2人、小学生が4人の場合しかないので、正しい。

ウ　高校生が1人、中学生が1人、小学生が8人の場合もあるので、誤っている。

2 **E**

カ　高校生が6人、中学生が1人、小学生が3人の場合しかないので、正しい。

キ　高校生が5人、中学生が2人、小学生が3人の場合もあるので、誤っている。

ク　中学生が高校生より多いのは、小学生が5人か6人か7人の場合となるので、正しい。

---

5 推論⑤（平均問題）　　→本冊46ページ

問題1

1 **A**

各条件をまとめると、

P＋Q　　＝158×2＝316（cm）

P＋Q＋R＝159×3＝477（cm）

より、R＝161（cm）であることがわかる。

ア　条件Ⅰより、PQの少なくとも1人は161cmのRより低いことがわかる。

イ　Pの身長については決まらないために、必ず正しいとはいえない。

ウ　Qの身長については決まらないために、必ず正しいとはいえない。

2 **G**

前小問の式に加えて、

Q＋R＝156×2＝312（cm）

となるので、Q＝151（cm）、P＝165（cm）となる。

問題2

1 **C**

各条件をまとめると、

P＋Q　　＝104000×2＝208000（人）

P＋Q＋R＝105000×3＝315000（人）

より、R＝107000（人）であることがわかる。

ア　P市・Q市の人口については決まらないために、必ず正しいとはいえない。

イ　P市・Q市の人口については決まらないために、R市が2番目になる可能性もあり、必ず正しいとはいえない。

ウ　条件Ⅰより、P市とQ市のいずれかはR市の107000人より少ないことがわかる。

2　C

前小問の式に加えて、

P＋Q＋R＋S＝107000×4＝428000（人）

より、S＝428000－315000＝113000（人）となる。これにより、R市とS市の人口は判明するが、P市とQ市はこのままでは人口が決まらない。

カ　R市とS市の人口はすでにわかっているので、これでは4都市の人口は決まらない。

キ　P市とQ市の人口の大小だけではそれらがR市やS市に比べて多いかどうかがわからず、これでは4都市の人口は決まらない。

ク　Q市とR市の人口の平均値がわかれば、そこからQ市の人口を計算でき、さらにP市の人口も計算できる。これにより、4都市の人口がすべて判明し、それぞれの人口の大小の順番も決めることができる。

6　推論⑥（その他）　　➡本冊50ページ

問題1

1　H

条件Ⅰより、甲に配られた3枚のカードの積が24なので、この3枚は (1, 3, 8)(1, 4, 6)(2, 3, 4) のいずれかとなる。条件Ⅲに注意すると、このときの乙と丙に配られたカードの組合せは、右の通りとなる。

甲	乙	丙
1, 3, 8	2, 4, 7	5, 6, 9
1, 4, 6	2, 5, 7	3, 8, 9
2, 3, 4	1, 7, 8	5, 6, 9

これにより、確実に丙に配られたといえるカードは「**9**」のみである。

2　A・B・D・E・G

前小問の表により、7以外に乙に配られたカードは、「**1, 2, 4, 5, 8**」の**5種類**が考えられる。

問題2

1　G

ア　P、S、Uの3人は同性であるので、この3人が男性であれば、男性は2人以上いることになる。従って、必ずしも誤りではない。

イ　P、S、Uの3人とTは性別が異なるので、Qと同じ性別の人がいることになる。従って、必ずしも誤りではない。

ウ　P、S、Uの3人が女性であれば、Tは男性となる。Rも女性なので、残ったQが女性であれば、男性が1人、女性が5人で、その差が4人となる。従って、必ずしも誤りではない。

以上により、ア、イ、ウともに必ずしも誤りではないので、正解は**G**となる。

2 C

カ 女性は4人以上である場合、P、S、Uの3人は同性であるので、この3人は女性でなければならず、Tが男性だと確定する。しかし、これだけではQの性別が決まらない。

キ Tと性別が同じ人がいる場合、Tが女性の場合はRが同性ということになるし、Tが男性の場合にはQが同性ということになる。従って、1通りに確定できるわけではない。

ク 男女同数であれば、Rが女性なので、同性であるP、S、Uの3人は男性となる。こうすることで、残りのQとTは男性に確定することになる。従って、本記述ならば6人の性別を確定することができる。

以上により、クだけで6人の性別を確定することができるので、正解はCとなる。

問題3

1 D・E・F

最初に入った家は、⑤から出発して、ア・イ・ウのいずれかの行動を行った結果のものである。アを最初に行うと⑦に入ることになり、ウを最初に行うと④か⑥のいずれかとなる。なお、イを最初に行うことはできない。

2 A・C

最初にアで⑦に来たとすると、その後イ→ウと行っても、ウ→イと行っても、最終的には①か③に到達することになる。

最初にウで④に来たとすると、その後イ→アと行くことはできず、ア→イと行ったら最終的には①に到達することになる。

最初にウで⑥に来たとすると、その後イ→アと行っても、ア→イと行っても、最終的に③に到達することになる。

以上により、いずれにしても最終的には①か③のいずれかの家に入ったことになる。

7 表の読み取り

➡本冊54ページ

問題1

1 E

9月のQは36%、Sは100-13-36-25=26(%)なので、その差は36-26=10(%)である。従って、QはSよりも**7200×0.1=720(万円)**、売上高が多いことになる。

2 B

10月のPは100-29-25-28=18(%)なので、この月の売上高は**6800×0.18=1224(万円)**になる。

3 C

11月のRは100-19-33-29=19(%)なので、この月の売上高は**5000×0.19=950(万円)**になる。一方、12月のRは21%なので、この月の売上高は**4000×0.21=840(万円)**になる。従って、両者の差は**950-840=110(万円)**となる。

6

問題2

1　B

2014年度は8人の新入生が甲中学校からやってきており、その割合は新入生全体の5%である。従って、新入生の人数は、$8 \div 0.05 = 160$（人）となる。

2　G

前問と同様に、新入生の数を求める。2013年度は$16 \div 0.1 = 160$（人）、2011年度は$14 \div 0.1 = 140$（人）となる。従って、この間、新入生が20人増えていることになる。

3　J

前問と同様に、新入生の数を求める。2012年度は$12 \div 0.08 = 150$（人）、2015年度は$5 \div 0.04 = 125$（人）となる。従って、この間新入生が25人減っていることになる。

問題3

1　D

R大学の学生$660 + 240 = 900$（人）のうち、その他出身者は表1より$100 - 10 - 23 - 19 - 21 - 19 = 8$（%）だから、その人数は$900 \times 0.08 = 72$（人）である。一方、S大学の学生$1250 + 1150 = 2400$（人）のうち、千葉出身者は$100 - 12 - 23 - 11 - 18 - 21 = 15$（%）だから、その人数は$2400 \times 0.15 = 360$（人）である。従って、両者の合計は、$72 + 360 = 432$（人）である。

2　F

T大学の学生のうち、神奈川出身者は表1より$100 - 13 - 29 - 16 - 12 - 14 = 16$（%）だから、その人数は$3000 \times 0.16 = 480$（人）である。このうち、男性が4割なのだから、求める人数は$480 \times 0.4 = 192$（人）となる。

3　H

U大学の学生1700人のうち、千葉出身者は表1より$100 - 12 - 15 - 13 - 19 - 28 = 13$（%）だから、その人数は$1700 \times 0.13 = 221$（人）である。

問題4

1　D

表より、身長165cm以上の生徒は合計21人いる。従って、求める割合は$21 \div 40 = 0.525$より、53%となる。

2　D

身長170cm以上175cm未満の生徒の体重の平均を最も小さく考えた場合には、$(50 + 55 + 60 \times 4 + 65 \times 2) \div 8 = 475 \div 8 \fallingdotseq 59.4$（kg）となる。従って、平均体重として考えられるのは、Dである。

3　C

体重50kg以上55kg未満の生徒の身長の平均を最も小さく考えた場合には、$(150 + 155 + 160 \times 3 + 165 \times 2 + 170) \div 8 = 1285 \div 8 \fallingdotseq 160.6$（cm）となる。最も大きく考えた場合には、これよりも4cm高い164.6cm未満となる。従って、平均身長として考えられるのは、この範囲にあるCのみである。

7

8 集合

➡本冊60ページ

問題1

1 E

問題文の表から男子のみの数字を表にまとめる。また、どちらも「はい」と答えた人が21人いることも書き入れる。そうすると、右記表の赤字のようになる。

	数学○	数学×	合計
理系○	21	18	39
理系×	31	30	61
合計	52	48	

表の赤い数値の引き算により、どちらも「いいえ」と答えた人は、Eの「30人」となる。

2 H

問題文の表から女子のみの数字を表にまとめる。また、どちらも「いいえ」と答えた人が32人いることも書き入れる。そうすると、右記表の赤字のようになる。

	数学○	数学○	合計
理系○	10	15	25
理系×	23	32	55
合計	33	47	

表の赤い数値の引き算により、どちらも「はい」と答えた人は、Hの「10人」となる。

問題2

1 A

問題文の表から女子のみの数字を表にまとめる。また、どちらも持っていると答えた人が21人いることも書き入れる。そうすると、右記表の赤字のようになる。

	パソ○	パソ×	合計
携帯○	21	10	31
携帯×	23	6	29
合計	44	16	

表の赤い数値の引き算により、携帯電話だけ持っていると答えた人は、Aの「10人」となる。

2 C

問題文の表から男子のみの数字を表にまとめる。また、どちらも持っていないと答えた人が28人いることも書き入れる。そうすると、右記表の赤字のようになる。

	パソ○	パソ×	合計
携帯○	7	10	17
携帯×	15	28	43
合計	22	38	

表の赤い数値の引き算により、パソコンだけ持っていると答えた人は、Cの「15人」となる。

問題3

1 F

自転車を持っている生徒は $120 \times 0.55 = 66$（人）、持っていない生徒は $120 - 66 = 54$（人）となる。一方、スマートフォンを持っている生徒は $120 \times 0.4 = 48$（人）、持っていない生徒は $120 - 48 = 72$（人）となる。また、両方とも持っていない生徒は $120 \times 0.3 = 36$（人）となる。これを表にまとめると以下のようになる。

	スマホ○	スマホ×	合計
自転車○			66
自転車×		36	54
合計	48	72	120

8

引き算により表をまとめると、右記表のように
なり、求める両方を持っている人は**F**の「30人」
となる。

	スマホ○	スマホ×	合計
自転車○	30	36	66
自転車×	18	36	54
合計	48	72	120

2　D

前小問の表により、自転車だけを持っている人は36人、スマートフォンだけを持っている
生徒は18人なので、その差は**36－18＝18（人）**となる。

9 損益算

➡**本冊64**ページ

問題1

1　E

仕入れ値が1500円で4割が利益だから、1個あたりの利益は
1500×0.4＝600（円）となる。従って、20個全部が売れた場合の利益は、
600×20＝12000（円）となり、正解は**E**となる。

2　A

定価で売れた分は前小問により、1個あたり600円の利益がある。これに対して、割引で
売った分は
1500×1.4×0.8＝1680（円）で販売しているので、1個あたりの利益は
1680－1500＝180（円）となる。これにより、20個全体での利益は、
600×12＋180×8＝8640（円）
となり、正解は**A**となる。

⚡速解ポイント
売上ベースではなく、
利益ベースで計算すること

問題2

1　E

仕入れ値が2000円の商品に3割の利益を見込みつつ、1割引で販売した場合の売価は、
2000×1.3×0.9＝2340（円）となる。このときの1個あたりの利益は
2340－2000＝340（円）となる。これにより、30個全体での利益は、
340×30＝10200（円）となり、正解は**E**となる。

2　C

定価で売れた分は、1個あたりの利益が
2000×0.3＝600（円）となる。割引で売った分は1個あたり
2000×1.3×0.7＝1820（円）で販売しているため、1個あたり
1820－2000＝－180（円）の利益が発生する。これにより、30個全体での利益は、
600×15－180×15＝6300（円）となり、正解は**C**となる。

問題3

1　E

1個あたりの利益20円が仕入れ値の10%なので、求める仕入れ値は
20÷0.1＝200（円）となり、正解はEとなる。

2 G

定価で売れた240個分は1個あたり20円の利益となる。これに対して、割引で売った残り60個分は1個あたり
200×0.74＝148（円）で販売するため、1個あたり
148−200＝−52（円）の利益が発生する。これにより、300個全体での利益は
20×240−52×60＝1680（円）となり、正解はGとなる。

10 料金の割引　　➡本冊68ページ

問題1

1 H

大人は2割引となるので、割引料金は500×0.8＝400（円）
となり、子どもは1割引なので割引料金は300×0.9＝270（円）
となる。大人10人は割引対象とならず、子どものうち20人は通常料金、20人は割引料金
となる。これにより求める料金の総額は、
500×10＋300×20＋270×20＝16400（円）となり、正解はHとなる。

2 G

本問の場合、大人30人は通常料金、10人は割引料金となる。一方、子どものうち20人は通常料金、30人は割引料金となる。これにより求める料金の総額は、
500×30＋400×10＋300×20＋270×30＝33100（円）となり、正解はGとなる。

問題2

1 I

求める人数をxとする。最初の20人は通常料金の2000円、それ以降の(x−20)人については割引価格の2000×0.8＝1600円となる。この平均価格が1700円となることから、
2000×20＋1600(x−20)＝1700x
40000＋1600x−32000＝1700x
これを解いて、x＝80（人）となるので、正解はIとなる。

速解ポイント
割引対象が21人目からなので、(x−20)人とする

2 F

求める人数をxとする。最初の20人は通常料金の2000円、それ以降の(x−20)人については割引価格の2000×0.8＝1600円となる。この平均価格が1650円となることから、
2000×20＋1600(x−20)＝1650x
40000＋1600x−32000＝1650x
これを解いて、x＝160（人）となるので、正解はFとなる。

問題 3

1 E

1人あたりの割引額は $1500 \times 0.1 = 150$ (円)
である。2グループで入場する場合は10人が割引となり、これに比べて、90人1グループにすると割引対象者が40人増えることになる。従って、求める入場料の差額は、
$150 \times 40 = 6000$ (円) となり、正解は E となる。

2 E

1人あたりの割引額は $1500 \times 0.1 = 150$ (円)
である。2グループで入場する場合と比べて、120人1グループにすると割引対象者が40人増えることになる。従って、求める入場料の差額は、
$150 \times 40 = 6000$ (円)
となり、正解は E となる。

重要 人数に関係なく、6000円となる

---

11 割合

➡本冊72ページ

問題 1

1 E

兄弟姉妹のいない生徒は全体の $100 - 35 = 65$ (%) となる。従って、求める人数は、
$200 \times 0.65 = 130$ (人) となり、正解は E となる。

2 B

兄弟がいる生徒は全体の35%であり、その中のさらに60%が姉妹しかいないことになる。従って、姉妹しかいない人数は、$200 \times 0.35 \times 0.6 = 42$ (人) となり、正解は B となる。

問題 2

1 D

赤色以外のバラは全体の $100 - 40 = 60$ (%) であり、そのうちの白色でもないものは $100 - 20 = 80$ (%) である。従って、求める本数は、
$300 \times 0.6 \times 0.8 = 144$ (本) となり、正解は D となる。

2 E

赤色のバラは全体の40%であり、そのうち今年初めて花を咲かせたものは4割である。従って、求める本数は、$300 \times 0.4 \times 0.4 = 48$ (本) となり、正解は E となる。

問題 3

1 B

この大学の学生のうち、理工学部以外の学生は $100 - 25 = 75$ (%) となる。この75%のうち、法学部の学生を x とすると、経済学部の学生は $2x$ となる。
つまり、残った学生のうち、法学部の学生はちょうど1/3しかいないことになる。従って、

11

求める割合は、

75 × 1/3 ＝ 25（％）となり、正解は **B** となる。

2　F

全学生数を920人とすると、

理工学部：920 × 0.25 ＝ 230（人）

法学部：920 × 0.25 ＝ 230（人）

経済学部：230 × 2 ＝ 460（人）

となる。従って、経済学部の学生は理工学部の学生よりも、

460 － 230 ＝ 230（人）多いことになり、正解は **F** となる。

！速解ポイント

理工学部は25％、
経済学部は50％なので、
920×（0.5−0.25）＝230人
と考えてもよい

12 速さの問題（時刻表）　➡本冊76ページ

問題1

1　C

時刻表によると、ＷＸ間の所要時間は35分だから、「**距離÷時間＝平均時速**」より、

21 ÷（35/60）＝ 36（km/時）となり、正解は **C** となる。

2　E

時刻表によると、ＸＹ間の所要時間は15分、ＹＺ間の所要時間は25分となり、ＸＺ間の走行時の合計所要時間は **15 ＋ 25 ＝ 40（分）** となる。

「**平均時速×時間＝距離**」より、ＸＺ間の距離は、

54 × 40/60 ＝ 36（km）となるので、正解は **E** となる。

問題2

1　C

問題文の途中経過時刻の表によると、スタート地点から第一中継所までの所要時間は35分なので、そこまでの距離は **12 × 35/60 ＝ 7（km）**

となる。一方、そこから第二中継所までの所要時間は45分であるので、その距離は

9 × 45/60 ＝ 6.75（km）となる。従って、求める距離は

7 ＋ 6.75 ＝ 13.75（km）となり、正解は **C** となる。

2　G

スタート地点からゴール地点までの所要時間は1時間45分＝105分である。従って、「**距離÷時間＝平均速度**」より、21 ÷（105/60）＝ 12（km/時）となり、正解は **G** となる。

問題3

1　C

問題文の途中経過時刻の表によると、甲乙間の所要時間は45分だから、「**平均時速×時間＝距離**」より、16.8 × 45/60 ＝ 12.6（km/時）となり、正解は **C** となる。

2 G

問題文の経過時刻の表によると、甲乙間の所要時間は45分、乙丙間の所要時間は40分だから、甲丙間の走行時の所要時間の合計は

$40＋45＝85$（分）となる。求める平均時速は、「**距離÷時間＝平均速度**」より、

$17÷（85/60）＝12$（km/時）となり、正解は**G**となる。

13 速さの問題（旅人算） ➡本冊80ページ

問題 1

1 B

本問では、甲と乙の間の距離は、1時間につき$8＋12＝20$（km）

ずつ縮まることになる。従って、3時間後に甲乙間の距離が40kmだということは、出発したときには両者は、$40＋20×3＝100$（km）

離れていたことになる。これにより、両者が出会うまでにかかる時間は、「**距離÷近づく速さ＝時間**」より、$100÷20＝5$（時間）となる。従って、出会う場所はB地点から

$12×5＝60$（km）離れている。

2 G

前小問同様に、甲と乙の間の距離は、1時間につき$8＋12＝20$（km）ずつ縮まることになる。従って、15分＝1/4時間後に甲乙間の距離が4kmだということは、出発した時には両者は$4＋20×1/4＝9$（km）離れていたことになる。これにより、両者が出会うまでにかかる時間は、「**距離÷近づく速さ＝時間**」より、$9÷20＝9/20$（時間）＝27（分）

となる。従って、甲と乙が出会う時刻は11時42分となり、正解は**G**となる。

問題 2

1 G

本問では、甲と乙の間の距離は、1時間につき$30＋20＝50$（km）

ずつ縮まることになる。これにより、両者が出会うまでにかかる時間は、「**距離÷近づく速さ＝時間**」より、$60÷50＝6/5$（時間）＝72（分）となり、正解は**G**となる。

2 J

本問では、甲と乙の間の距離は、1時間につき$30－20＝10$（km）ずつ縮まることになる。最初に甲が50分走ると、その際に進む距離は「**速さ×時間＝距離**」より、

$30×50/60＝25$（km）となる。これは乙がいる地点よりも

$60－25＝35$（km）手前ということになる。これにより、甲が乙に追いつくまでにかかる時間は、「**距離÷近づく速さ＝時間**」より、

$35÷10＝3.5$（時間）なので3時間30分となり、正解は**J**となる。

解答・解説

練習問題

非言語能力

13

問題3

1　A

求める距離をxmとする。出会うまでに甲の進んだ距離は

$x/2＋300$となり、乙の進んだ距離は

$x/2－300$となる。両者が出会うまでにかかった時間は同じなので、この距離の比がそのまま速さの比4.5：3＝3：2と等しくなる。これにより、

$(x/2＋300)：(x/2－300)＝3：2$

$3(x/2－300)＝2(x/2＋300)$

$x/2＝1500$

$x＝3000$（m）となり、正解はAとなる。

> **！速解ポイント**
> 時間が等しい場合には
> **速さの比＝距離の比**

2　C

本問では、甲と乙の間の距離は、1時間につき、$4.5＋3＝7.5$（km）

ずつ縮まることになる。従って、両者が出会うまでにかかる時間は、「**距離÷近づく速さ＝時間**」より、

$3÷7.5＝2/5$（時間）＝24（分）となり、正解はCとなる。

---

14 地図（縮尺）

→本冊84ページ

問題1

1　D

本問では、地図上の5cmと6cmはそれぞれ、

縦　5（cm）×$5000＝25000$（cm）＝250（m）

横　6（cm）×$5000＝30000$（cm）＝300（m）

となる。従って、求める面積は、

$250×300＝75000$（m²）

であり、正解はDとなる。

2　D

本問では、「10000 m² の正方形」が出題されているが、一辺の長さをxとすると、これは以下のような面積の式で表される。

$x^2＝10000$

$x＝\sqrt{10000}＝100$（m）＝10000（cm）

実際の距離が10000cmであれば、縮尺1/5000の地図では、その長さは

$10000×1/5000＝2$（cm）

なので、正解はDとなる。

1 B
本問では、地図上の2cmは、
2(cm)×5000＝10000(cm)＝100(m)
となる。従って、求める面積は、
100×100＝10000(m²)
であり、正解はBとなる。

2 D
本問では、地図上の4cmは、
4(cm)×5000＝20000(cm)＝200(m)
となる。「32000m²の長方形の区域」が出題されているが、横の長さをxとすると、面積の公式より、
200×x＝32000
x＝32000÷200＝160(m)＝16000(cm)
実際の距離が16000cmであれば、縮尺1/5000の地図では、横の長さは
16000×1/5000＝3.2(cm)
なので、正解はDとなる。

問題3

1 D
本問では、地図上の2cmと4cmはそれぞれ、
縦　2(cm)×25000＝50000(cm)＝500(m)
横　4(cm)×25000＝100000(cm)＝1000(m)
となる。従って、求める面積は、
500×1000＝500000(m²)
であり、正解はDとなる。

2 F
本問では、「160000m²の正方形」が出題されているが、一辺の長さをxとすると、これは以下のような面積の式で計算できる。
x^2＝160000
x＝$\sqrt{160000}$＝400(m)＝40000(cm)
実際の距離が40000cmであれば、縮尺1/25000の地図では、その長さは
40000×1/25000＝1.6(cm)
なので、正解はFとなる。

15 地図（方位）

➡本冊88ページ

問題1

1 E

本問では、「市役所」を座標の中心にしながら右図のような地図を作る。市役所から真西に400m、そして右折して真北に400m進むとデパートがあるので、デパートは市役所から北西にあることがわかる。また、市役所から見て、デパートに向かって真後ろの方向に映画館があるので、映画館は南東の方向になる。従って、正解はEとなる。

2 G

本問では、市役所からデパートに向かって、左方向に美術館があるので、美術館から見れば、市役所は北東の方向になる。従って、正解はGとなる。

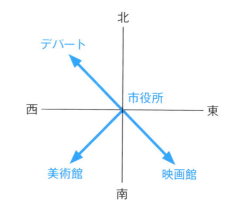

問題2

1 F

本問で地図を作ってみると、会社から見た銀行の位置と、銀行から見たコンビニエンスストアの位置は、右図のようになる。従って、銀行から見て会社は南西の方向にあることになる。

2 E

前小問の図より、コンビニエンスストアから見ると、会社は南東の方向にあることになる。

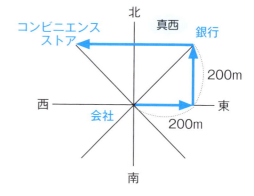

問題3

1 F

本問で地図を作ってみると、警察署、消防署、駅は小学校を中心とする同心円上にある。駅は小学校の南東にあり、その駅から真西に警察署が、そして警察署の真北に消防署があることになる。これを図にすると、右図のようになる。
これにより、警察署は小学校から見れ

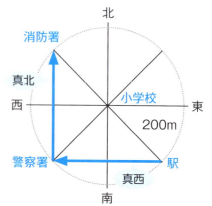

16

ば南西の方向にあることになる。

2 H

前小問の図より、消防署は駅から見て北西の方向にあることになる。

16 長文読み取り計算 ➡本冊93ページ

問題1

1 C

ア 入学試験の合格率は、平成23年が$200 \div 1800 = 11.1$（％）と最も低かったので、誤っている。

イ 対前年増加率は、平成24年は$400 \div 200 = 2$（倍）で、平成25年の$700 \div 400 = 1.75$（倍）よりも大きいので、誤っている。

ウ 平成24年の女性合格者は$400 \times 0.3 = 120$（人）であったので、正しい。

2 D

平成23年の男性合格者は$200 \times (1 - 0.2) = 160$人であるが、平成25年には$700 \times (1 - 0.4) = 420$（人）になっている。従って、2倍以上に増えている。

3 F

カ 平成24年の男性合格者は$400 \times 0.7 = 280$（人）、平成25年の女性合格者は$700 \times 0.4 = 280$（人）となり、両者は等しいので、誤っている。

キ 平成23年の男性合格者は$200 \times 0.8 = 160$（人）、平成24年の女性合格者は$400 \times 0.3 = 120$（人）となり、後者のほうが少ないので、正しい。

ク 平成23年の男性合格者は$200 \times 0.8 = 160$（人）、平成25年の女性合格者は$700 \times 0.4 = 280$（人）となり、後者のほうが多いので、正しい。

！速解ポイント

データを以下のような表にまとめると整理できて便利

	平成23年	平成24年	平成25年
合格者数	200人	400人	700人
受験者数	1800人	1600人	1400人
女性合格者数	40人	120人	280人
男性合格者数	160人	280人	420人

問題2

1 E

問題文によると、「発展途上国に住む5人に1人」が11億人だから、発展途上国の人口は$11億 \times 5 = 55億$（人）となる。

2 C

2025年には、世界の年間水使用量は5,200km^{3}になるので、琵琶湖の水量約27.5km^{3}の$5200 \div 27.5 \fallingdotseq 190$（倍）となる。

17

問題3

1   D

地球上の水14億km^{3}のうち、淡水は2.5%であり、その0.4%が地表水なので、**14億×0.025×0.004＝14万**(km^3)となる。

2   C

地球上の水14億km^{3}のうち、淡水は2.5%であり、その70%が氷河・氷山なので、**14億×0.025×0.7＝0.245億**(km^3)となる。

3   A

問題文によると、「2008年に世界中で安全な水を利用できない人々が約8.8億人」おり、そのうち「アジア地域は約4.7億人」と書かれているので、アジア以外の地域で安全な水を利用できない人は**8.8億－4.7億＝4.1億**(人)いることになる。

17 分割払い　　　　➡本冊98ページ

問題1

1   C

ボーナス月（6月と12月）で全体の2/5を支払うことになる。ということは、残りの10か月で、残額1－2/5＝3/5を等分すればいいことになる。従って、11月の支払代金は、全体の
3/5÷10＝3/50となり、正解は**C**となる。

2   D

5月から支払いを始めた場合、5・7・8・9・10・11月は前小問で求めた全体の3/50ずつを支払うことになる。また、ボーナス月である6月には全体の1/5を支払うことになる。従って、11月の支払いが終われば、全体の
3/50×6＋1/5＝14/25を支払ったことになり、正解は**D**となる。

問題2

1   H

1回目として支払総額の2/9を支払うので、この時点で残額は支払総額の1－2/9＝7/9となる。
次に、2回目として初回に支払った「支払総額の2/9」の1/4を支払うわけだから、これは全体の
2/9×1/4＝1/18となる。従って、2回目の支払いが終わった後の残額は、
7/9－1/18＝13/18
となる。これが本問の場合の3回目の支払いとなるので、正解は**H**となる。

2   B

前小問を前提にすると、2回目の支払いが終わった後の残額は、支払総額の13/18である。これから3回目の支払いとして、支払総額の1/3を支払うと、残額は
13/18－1/3＝7/18となるので、正解は**B**となる。

問題3

1 G

ボーナス月（6月と12月）で全体の2/9を支払うことになる。ということは、残りの10か月で、残額1－2/9＝7/9を等分すればいいことになる。従って、8月の支払代金は、全体の

7/9÷10＝7/90となり、正解はGとなる。

2 G

翌年3月まで支払った場合、残った支払いは翌年4月分のみである。これは前小問で求めた全体の7/90となる。従って、翌年3月の支払いが終われば、全体の

1－7/90＝83/90を支払ったことになり、正解はGとなる。

---

18 代金の精算　　➡本冊102ページ

問題1

1 H

Mの支払いに着目する。Mは当初9000円支払い、精算として1000円戻ってきているので、本問での1人あたりの負担額は　9000－1000＝8000（円）

となる。Nは12000円の商品券を立て替えているので、精算として

12000－8000＝4000（円）戻ってくることになり、正解はHとなる。

2 C

前小問より、1人あたりの負担額は8000円となる。Lは精算としてMに1000円、Nに4000円支払っているので、自分の立て替えたタクシー代は、

8000－1000－4000＝3000（円）となり、正解はCとなる。

問題2

1 B

精算時に、LはMから1760円返金されているので、その時点ではLは

5150－1760＝3390（円）

の負担となっている。このとき、Nの負担額は2370円なので、両者の差額の半分をNから精算してもらえることになる。従って、精算額は

（3390－2370）÷2＝510（円）　◀　**重要** 「3390－精算額＝2370＋精算額」となる

となり、正解はBとなる。

2 E

前小問の解説を前提にして、Nに注目すると、1人あたりの負担額は

2370＋510＝2880（円）となる。従って、Mの買った花火代は

2880－1760＝1120（円）となり、正解はEとなる。

問題3

1　C

Mの支払いに着目する。Mは当初25800円支払い、精算額としてさらに2500円支払っているので、本問での1人あたりの負担額は、**25800＋2500＝28300（円）**

となる。Nは27600円を立て替えているので、さらにLに対して

28300－27600＝700（円） を支払わなければならないことになる。

2　D

前小問より、1人あたりの負担額は28300円となる。Lは精算としてMから2500円、Nから700円を受け取っているので、自分の立て替えたホテル代は

28300＋2500＋700＝31500（円） となり、正解は**D**となる。

19　場合の数

➡本冊106ページ

問題1

1　I

9品の和食から3品を選ぶわけだから、

$_9C_3＝84$（通り）

となり、正解は**I**となる。

2　G

和食と洋食の合計13品から3品を選ぶ場合の数は、

$_{13}C_3＝286$（通り）

となる。このうち、すべて和食を選ぶ場合は前小問より84通り、すべて洋食を選ぶ場合は $_4C_3＝4$（通り）となる。

これにより、求める場合の数は、

286－84－4＝198（通り） となり、正解は**G**となる。

> **重要** 問題1、2のいずれも、小問1の結果を小問2で利用する

問題2

1　H

木製8品から3品を選ぶわけだから、

$_8C_3＝56$（通り）

となり、正解は**H**となる。

2　H

木製と鉄製の合計12品から3品を選ぶ場合の数は、

$_{12}C_3＝220$（通り）

となる。このうち、すべて木製を選ぶ場合は前小問より56通り、すべて鉄製を選ぶ場合は $_4C_3＝4$（通り）となる。これにより、求める場合の数は、

220－56－4＝160（通り）

となり、正解は**H**となる。

問題3

1 F

一番左の領域の塗り方が4通りある。これを決めると、その隣の領域は残った3色から選ばなければならない。また、その隣の領域も、さらに一番右の領域も、それぞれ左側の領域の色以外の3色から選ばなければならない。以上により、求める場合の数は、
$4×3×3×3＝108$（通り）となる。

2 H

まず左上の領域の塗り方が4通りある。これを決めると、右上の領域は残った3色から選ばなければならない。また、右下の領域は同様に右上の領域以外の3色から選ばなければならない。なお、ここの領域は左上の領域と同じ色でもかまわない。ここまでをまとめると、左下の領域以外の並べ方は$4×3×3＝36$（通り）あり、そのうち左上と右下の領域が同じ色のものが$4×3＝12$（通り）ある。

残る左下の領域だが、これは左上と右下の領域が異なる色の場合にはそれら以外の2色から選び、左上と右下の領域が同じ色の場合にはそれ以外の3色から選ぶことになる。以上により、求める場合の数は、
$(36－12)×2＋12×3＝84$（通り）となる。

20 確率（和・積の法則）

→本冊110ページ

問題1

1 C

1問目に正解できない確率は0.4、2問目に正解できない確率は0.6となる。これを考慮し、表を作る。
この表により、2問とも正解できない確率は0.24となり、正解はCとなる。

	第2問○ （0.4）	第2問× （0.6）
第1問○ （0.6）	0.24	0.36
第1問× （0.4）	0.16	0.24

2 I

前小問の表により、1問だけ正解できる確率は$0.36＋0.16＝0.52$となり、正解はIとなる。

問題2

1 D

1回目に白が出る確率は4/7、2回目に赤が出る確率は3/7なので、これらが同時に起こる確率は、
$4/7×3/7＝12/49$となる。

2 G

赤玉が1回出る確率は3/7、白玉が2回出る確率は$4/7×4/7＝16/49$となる。赤玉は

1回目に出る場合と、2回目に出る場合と3回目に出る場合が考えられるので、求める確率は、

3/7 × 16/49 × 3 = 144/343 となる。

問題3

1 A

1投目が入らない確率は0.3、2投目が入らない確率は0.2となる。これを考慮し、表を作る。この表により、2投とも入らない確率は0.06となり、正解はAとなる。

	2投目○ (0.8)	2投目× (0.2)
1投目○ (0.7)	0.56	0.14
1投目× (0.3)	0.24	0.06

2 D

前小問の表により、1投だけ入る確率は0.24 + 0.14 = 0.38となり、正解はDとなる。

21 資料の読み取り

➡ **本冊115ページ**

問題1

1 A

ア 祝日に全日使用しているので、利用料金は**3600円**となる。ただし、3週間前に予約しているので**500円割引**となるため、求める料金は3600 − 500 = 3100 (円) となり、正しい。

イ 利用者の過半数が未成年のため、平日料金となる。従って、求める料金は1500円となる。

ウ 利用者の過半数が未成年のため、**平日料金**となる。また、**延長料金が800円**かかる。従って、求める料金は2000 + 800 = 2800 (円) となる。

2 C

カ 祝日の午後に利用するので、利用料金は**2200円**となる。ただし、4週間前に予約しているので**500円割引**となるため、求める料金は2200 − 500 = 1700 (円) となる。

キ 平日の午前に利用するので、利用料金は**1500円**となる。ただし、3週間前に予約しているので**500円割引**となるため、求める料金は1500 − 500 = 1000 (円) となる。

ク 利用者の過半数が未成年のため、**平日料金**となる。また、3週間前に予約しているので**500円割引**となるため、求める料金は1500 − 500 = 1000 (円) となり、正しい。

問題2

1 D

ア 4週間前に予約しているので**200円引き**となる。従って、1人あたりの利用料金は、(2800 − 200) ÷ 13 = 200 (円) となり、正しい。

イ 利用者の過半数が乙市の住民なので、**平日料金**となる。従って、1人あたりの利用料金は、2800÷14＝<u>200</u>（円）となり、<u>正しい</u>。
ウ 利用者の過半数が乙市の住民なので、**平日料金**となる。従って、1人あたりの利用料金は、2800÷16＝<u>175</u>（円）となる。

2 D
カ 利用者の過半数が乙市の住民ではないので、平日料金とならない。ただ、4週間前に予約しているので**200円引き**となる。従って、1人あたりの利用料金は、(3000－200)÷14＝<u>200</u>（円）となり、<u>正しい</u>。
キ 平日料金なので、利用料金は<u>1600</u>円となり、<u>正しい</u>。
ク 利用者の過半数が乙市の住民ではないので、平日料金とならない。また、3週間前に予約しているので**200円引き**となる。従って、利用料金は1800－200＝<u>1600</u>（円）となる。

問題3

1 A
ア (5000×0.9＋12000×0.99)×0.1＝<u>1638</u>（ポイント）
イ 2000×0.95＋3000＝<u>4900</u>（円）
ウ (20000×0.95＋20000×0.85)×0.1＝<u>3600</u>（ポイント）

2 E
カ (18000×0.9＋30000×0.95)×0.1＝<u>4470</u>（ポイント）
キ 1000×0.95＋4000×0.99＝<u>4910</u>（円）
ク (8000×0.99＋10000×0.9)×0.1＝<u>1692</u>（ポイント）

重要 金額とポイントを間違えないように単位を書く

22 整数の推理（WEBテスティング） ➡本冊120ページ

問題1

<u>5</u>
まず、D、E、Fの3人がもらったコインの数は整数となることに注意する。次に、イの条件から、一番多くもらった人の個数をx個（xは整数）とすると、一番少なくもらった人の個数は、$x－2$個となる。
また、アの条件から、残り1人のもらった個数は、xと$x－2$の中間にある整数ということになる。xと$x－2$の中間にある整数は$x－1$だから、方程式を立てると以下のようになる。
$x＋(x－1)＋(x－2)＝12$
$3x－3＝12$
$3x＝15$
$x＝<u>5</u>$（個）

問題2

3

アの条件から、 XとYのもらったカードは、少なくともカードの中で一番小さい数「3」ではないことがわかる。

イの条件を満たすXとYの組み合わせパターンとしては以下の2つが考えられる。

Xが3・Yが9 ……①

Xが4・Yが12 ……②

アの条件から、「Xは3ではない」ので①はあり得ない。よって、XとYの組み合わせは②のパターンとなり、Zがもらったカードの数字は、Xの「4」よりも小さい「3」となる。

問題3

1

アの条件から、甲＜乙＜丙である。また、イの条件から、数値の差が7となるようなカードの組み合わせは2と9だけである。丙は乙より大きいので丙のカードは9、乙のカードは2だとわかる。従って、配られた5枚のカードのうち、2より小さいカードは1のカードしかないので、甲のカードは「1」である。

言語能力 練習問題

1 二語の関係①

➡本冊128ページ

❶ C
問題の前提は「原料・製品」の関係。これに対して、アは「並列」、イは「包含→」、ウは「原料・製品」の関係となる。

❷ D
問題の前提は「役割」の関係。これに対して、アは「役割」、イは「役割」、ウは「原料・製品」の関係となる。

❸ C
問題の前提は「並列」の関係。これに対して、アは「原料・製品」、イは「同意語」、ウは「並列」の関係となる。

❹ A
問題の前提は「包含←」の関係。これに対して、アは「包含←」、イは「役割」、ウは「同意語」の関係となる。

❺ C
問題の前提は「包含←」の関係。これに対して、アは「同意語」、イは「並列」、ウは「包含←」の関係となる。

❻ D
問題の前提は「並列」の関係。これに対して、アは「並列」、イは「並列」、ウは「原料・製品」の関係となる。

❼ E
問題の前提は「同意語」の関係。これに対して、アは「同意語」、イは「役割」、ウは「同意語」の関係となる。

❽ F
問題の前提は「同意語」の関係。これに対して、アは「反意語」、イは「同意語」、ウは「同意語」の関係となる。

❾ A
問題の前提は「同意語」の関係。これに対して、アは「同意語」、イは「反意語」、ウは「反意語」の関係となる。

❿ D
問題の前提は「反意語」の関係。これに対して、アは「反意語」、イは「反意語」、ウは「包含←」の関係となる。

⓫ D
問題の前提は「包含←」の関係。これに対して、アは「包含←」、イは「包含←」、ウは「同意語」の関係となる。

⓬ D
問題の前提は「並列」の関係。これに対して、アは「並列」、イは「並列」、ウは「役割」の関係となる。

⓭ A
問題の前提は「併せて1組」の関係。これに対して、アは「併せて1組」、イは「並列」、ウは「原料・製品」の関係となる。

⓮ C
問題の前提は「併せて1組」の関係。これに対して、アは「原料・製品」、イは「反意語」、ウは「併せて1組」の関係となる。

2 二語の関係②

➡本冊132ページ

❶ E
問題の前提は、「みかん」は「果物」に含まれるという「包含←」の関係。これに対して、「季節」に含まれるのは**E**の「晩秋」である。

❷ C
問題の前提は、「会社」は「仕事」をする場という「役割」の関係。これに対して、「風呂」は**C**の「入浴」をする場である。

③ E
問題の前提は、「味覚」は「感覚」に含まれるという「包含←」の関係。これに対して、「体操」に含まれるのは**E**の「ラジオ体操」である。

④ B
問題の前提は、「学校」は「教育」をする場という「役割」の関係。これに対して、「国会」は**B**の「立法」をする場である。

⑤ B
問題の前提は、「たばこ」と「ライター」という「併せて1組」の関係。これに対して、「黒板」と「併せて1組」の関係になるのは、**B**の「チョーク」である。

⑥ D
問題の前提は、「西洋」と「東洋」という「反意語」の関係。これに対して、「厚遇」の反意語は**D**の「冷遇」である。

⑦ A
問題の前提は、「小麦」は「穀物」に含まれるという「包含←」の関係。これに対して、「病気」に含まれるのは**A**の「風邪」である。

⑧ E
問題の前提は、「移動」をする手段として「電車」があるという「役割」の関係。これに対して、「建築」をする手段は**E**の「工事」である。

⑨ E
問題の前提は、「祖先」と「先祖」という「同意語」の関係。これに対して、「作者」の同意語は**E**の「著者」である。

⑩ C
問題の前提は、「自動車」の一部が「タイヤ」という「全体と部分」の関係。これに対して、「飛行機」の一部分は**C**の「尾翼」である。

⑪ A
問題の前提は、「英語」と「ドイツ語」という「並列」の関係。これに対して、「富士山」と「並列」の関係になるのは**A**の「八ヶ岳」である。

⑫ A
問題の前提は、「刑法」は「法律」に含まれるという「包含→」の関係。これに対して、「美術」は**A**の「芸術」に含まれている。

⑬ B
問題の前提は、「愛」を目的として「結婚」を手段にする「役割」の関係。これに対して、「戦争」を目的とする手段は**B**の「軍隊」である。

⑭ D
問題の前提は、「化学」は「科学」に含まれるという「包含←」の関係。これに対して、「自転車」に含まれるのは**D**の「マウンテンバイク」である。

---

3 長文読解

➡**本冊137ページ**

問題1

1 B
挿入する文章は「人類社会は今の形のままでは長持ちしないのである。」である。そこで①～⑤のうちで人類社会の未来について警鐘を鳴らす記述があるものを探してみると、②の直前に「深刻な環境問題に直面してしまった」という記述がある。

2 A
まず、（ P ）であるが、直前の記述「大量生産・大量消費・大量廃棄という言葉がある。」から、（ P ）には「大量」が入ることがわかる。
次に、（ Q ）の前に「マスメディア」という言葉があり、「共通の」「一緒に」といったキーワードから、ここには「享楽」よりも

26

「マス」のほうがふさわしいことがわかる。最後に、（　R　）であるが、直前の記述に「暗い側面」とあることから、「飛躍」「学問」より「破壊」がふさわしいといえる。以上から、（　P　）―「大量」、（　Q　）―「マス」、（　R　）―「破壊」となる。

3　D

ア　本文の第2段落によると、地球温暖化の問題が世代的広がりを持つ重大事件であることは明らかである。

イ　第3段落の内容と合致する。

ウ　第1段落は、20世紀を「マスの世紀」とする見方と、「破壊の世紀」であったとする見方の両方を紹介しているが、筆者はどちらの見方も否定はしていない。

問題2

1　E

　　　　　の直前の文章は、日本人が小さいころから仏教になじんでいることを示している。他方、　　　　　の直後の文章は日本人が仏教についてほとんど無知であることを内容としている。ここでは　　　　　の前後で話題が転換されている。従って、　　　　　の中には話題転換の意味を持つ

「さて」が入る。

2　D

まず、（　P　）であるが、直前の段落で日本人のキリスト教理解が案外と深いことが指摘されていることから、だんだん意気込んで来ているのは「外国人」ではなく、「日本人」と解するべきであろう。（　P　）が「日本人」であれば、（　Q　）は「外国人」である。

最後に、（　R　）であるが、「たいへん進歩である」に続いての記述であるから、「世界文化の中心」が適切である。

3　C

ア　第1段落において、ヨーロッパ人がキリストについて知らないことを「意外だった」といっているので、筆者は最初はキリストのことを知っていると思っていたことになる。アは本文と内容が一致しない。

イ　第2段落において、「百人中の九十九人は」と書かれており、誰も答えられないとまでいっていない。イは本文と内容が一致しない。

ウ　第3段落により、ウは内容に合致する。

4 熟語の意味

➡本冊142ページ

❶　E

「ある地位に就いている者を他の者に代えること」はEの「更迭（こうてつ）」である。C、Dは地位そのものの変更を表し、Bは地位とは関係がない。また、Aは「人を代えること」自体ではない。

❷　C

「必要物をやりくりしてそろえること」はCの「工面（くめん）」である。A、B、Eには「やりくりする」という意味がないし、Dは「そ

ろえること」という意味がない。

❸　D

「悪いことを考えだす知恵のこと」はDの「奸智（かんち）」である。ほかのものには「悪いことを考えだす」という意味はない。

❹　B

「身分の高い人の兄弟姉妹」はBの「連枝（れんし）」である。ほかのものにはそもそも「兄弟姉妹」といった意味はない。

❺　C

27

「最も優れている者、飛びぬけた人物」は**C**の「白眉」である。A、D、Eには「優れた人物」という意味はない。また、Bには「最も」という意味合いはない。

⑥ A
「他国の国籍を得て当該国の国民となる」は**A**の「帰化」である。ほかのものには「国籍を変更する」という意味はない。

⑦ E
「いたましくむごたらしいこと」は**E**の「酸鼻」である。ほかのものは近い意味となっているものの、「いたましくむごたらしいこと」そのものを表すものではない。

⑧ E
「非常に危険な場面・状態」は**E**の「虎口」である。A、B、Cは具体的な場所であって「危険な状態」そのものを表す言葉ではない。Dには「非常に危険」といった直接的な意味はない。

⑨ D
「寺院や僧侶等に進んで寄付をすること」は**D**の「喜捨」である。A、B、Cには「寄付する」という意味がないし、Eは「寺院や僧侶等に」という限定がない。

⑩ A
「流れをさかのぼっていくこと」は**A**の「遡上」である。ほかのものには「流れをさかのぼって」という意味はない。なお、さかのぼるは漢字で「遡る」と書く。

⑪ B
「勢いが急にくじけること」は**B**の「頓挫」である。ほかのものには「勢いがくじける」という意味はない。

⑫ A
「背を向けて走り去ること」は**A**の「背馳」である。ほかのものには「走り去る」という意味はない。

⑬ D
「名前を受け継いで自分の名にすること」は**D**の「襲名」である。A、Cには「受け継ぐ」という意味がない。また、B、Eは「名前」に限定されるものではない。

⑭ E
「無駄な骨折り」は**E**の「徒労」である。ほかのものには「無駄な」という意味合いはない。

5 語句の用法（多義語） ➡本冊146ページ

❶ E
問題の前提は「**愛情**」という意味。これに対して、類似の意味となるのは、**E**の「私の思いをあの人に伝えたい」である。ほかの文例には「愛情」といった意味はない。

❷ C
問題の前提は「**文章**」という意味。これに対して、類似の意味となるのは、**C**の「感想文を書くのに必要なくだりを読む」である。ほかの文例には「文章」といった意味はない。

❸ B
問題の前提は「**相談する**」という意味。これに対して、類似の意味となるのは、**B**の「長時間話し合って、決心を固めた」である。Cの「深夜に電話で友人と話し込んだ」には相談するという直接的な意味合いはない。

❹ A
問題の前提は「**結果**」という意味。これに対して、類似の意味となるのは、**A**の「最終決定は会議を開いた上で行う」である。CやDは「結果」と置き換えても通じるが、日本語的な意味が変わってしまうので不適切である。

❺ D
問題の前提は「**選ぶ基準**」という意味。これに対して、類似の意味となるのは、**D**の

「これに注目するとは目が高い」である。ほかの文例には「選ぶ基準」といった意味はない。

⑥　B
問題の前提は「**手段・方法**」という意味。これに対して、類似の意味となるのは、Bの「こうする他に手がないのが現状だ」である。ほかの文例には「手段・方法」といった意味はない。

⑦　D
問題の前提は「**初めて使用する**」という意味。これに対して、類似の意味となるのは、Dの「高校の入学式にスーツを下ろすことにした」である。ほかの文例には「初めて使用する」といった意味はない。

⑧　E
問題の前提は「**捕獲する**」という意味。こ

れに対して、類似の意味となるのは、Eの「雑木林でセミを<u>とる</u>」である。この場合の「とる」は漢字で「獲る」と書く場合である。

⑨　D
問題の前提は「**電源などをオフにする**」という意味。これに対して、類似の意味となるのは、Dの「ラジオのスイッチを<u>きる</u>」である。この場合の「きる」は漢字で「切る」と書く場合である。

⑩　C
問題の前提は「**希望が持てる**」という意味。これに対して、類似の意味となるのは、Cの「<u>明るい</u>明日へ向かって羽ばたく」である。ほかの文例には「希望が持てる」といった意味はない。

---

6 語句の用法（文法） ➡本冊150ページ

❶　D
問題の前提は、「**もの**」を表す。これに対して、Aは「主語」、Bは「代名詞の一部」、Cは「終助詞」、Dは「もの」、Eは「連体修飾語」を表す。

❷　A
問題の前提は、「**受身**」の意味。これに対して、Aは「受身」、Bは「自発」、Cは「自発」、Dは「尊敬」、Eは「可能動詞の一部」となる。

❸　B
問題の前提は、「**同時並行**」の意味。これに対して、Aは「逆接」、Bは「同時並行」、Cは「逆接」、Dは「逆接」、Eは「逆接」となる。

❹　E
問題の前提は、「**場所**」の意味。これに対して、Aは「原因」、Bは「手段」、Cは「状況」、Dは「断定の助動詞」、Eは「場所」となる。

❺　D
問題の前提は、「**引用**」の意味。これに対

して、Aは「結果」、Bは「比較」、Cは「相手」、Dは「引用」、Eは「結果」となる。

❻　A
問題の前提は、「**様態**」の意味。これに対して、Aは「様態」、Bは「伝聞」、Cは「伝聞」、Dは「伝聞」、Eは「伝聞」となる。

❼　E
問題の前提は、「**時間**」の意味。これに対して、Aは「場所」、Bは「目的・対象」、Cは「目的・対象」、Dは「原因」、Eは「時間」となる。

❽　C
問題の前提は、「**手段**」の意味。これに対して、Aは「原因」、Bは「場所」、Cは「手段」、Dは「状況」、Eは「原因」となる。

❾　E
問題の前提は、「**主語**」の意味。これに対して、Aは「連体修飾語」、Bは「連体修飾語」、Cは「もの」、Dは「並列」、Eは「主語」となる。

解答・解説

練習問題

言語能力

29

⑩　A

問題の前提は、「対象」の意味。これに対して、Aは「対象」、Bは「目的」、Cは「場所」、Dは「原因」、Eは「場所」となる。

7 反対語

➡本冊154ページ

❶　A

「普通」の反対語はAの「特別」である。「異常」の反対は「通常」、「例外」の反対は「専門」であり、最もふさわしい反対語ではない。

❷　B

「超過」の反対語はBの「未満」である。「以下」の反対語は「以上」であるため、最もふさわしい反対語ではない。

❸　C

「異例」の反対語はCの「通例」である。すべての熟語に「例」がついているため、「異」と反対の意味を持つ言葉を探せばよい。

❹　D

「残品」の反対語はDの「完品」である。「残った品」という言葉の反対を持つ言葉を選ぶことになる。

❺　E

「優越」の反対語はEの「劣後」である。「優」の反対が「劣」であり、「越」の反対が「後」となるので、反対語として最もふさわしい。

❻　A

「貴重」の反対語はAの「軽賤」である。「貴」の反対が「賤」であり、「重」の反対が「軽」となるので、反対語として最もふさわしい。

❼　B

「高大」の反対語はBの「卑小」である。「高」の反対が「卑」であり、「大」の反対が「小」となるので、反対語として最もふさわしい。

❽　C

「実践」の反対語はCの「理論」である。有名な反意語については、いくつかは覚えておくことも重要といえる。

❾　D

「統一」の反対語はDの「分裂」である。例えば国家を考えた場合、国家が統一されることの反対は、国家が分裂することであると考えてみるとよい。

⑩　E

「収縮」の反対語はEの「膨張」である。収縮は縮まることだから、大きく広がっていくことを何というかを考えてみるとよい。

⑪　A

「緊張」の反対語はAの「弛緩」である。緊張するものは人の心だけではなく、筋肉などもあることを考えてみよう。「張る」の反対が「緩む」であることからも判断できる。

⑫　B

「綿密」の反対語はBの「粗雑」である。「密」の反対が「粗」であることに注意しつつ、判断してみるとよい。

⑬　C

「雄弁」の反対語はCの「訥弁」である。消去法で考えてみても、口下手なことを意味するのは訥弁となる。

⑭　D

「陳腐」の反対語はDの「新奇」である。陳腐はありふれてつまらないことを意味するので、珍しくて新しいものを意味する新奇を選ぶべきである。

8 並べ替え問題
➡本冊158ページ

問題1

1 **B**

まず、設問文章を駐在員に関するイ、ウ、オの記述とそれに関係のないア、エの記述に分ける。そうすると、まずア、エについては、エが概括的なアトランタ市の説明、アがその詳細な内容となっているので、**エ→ア**の順となる。次にイ、ウ、オについてであるが、ウの文章の「こんなアトランタだからこそ」に注目すると、これがさきほどのエ、アの内容を受けてのものだから、**エ→ア→ウ**と続くことがわかる。また、オの記述の「そこで」に注目すると、これはイの内容を受けたものなので、最後に**イ→オ**と続くことがわかる。従って、正しい順番は「**エ→ア→ウ→イ→オ**」となり、正解は**B**となる。

2 **A**

前問の解説より、正解は**A**となる。

問題2

1 **C**

まず、エの文章の「ところで」に注目すると、ここから先はジャンケンの必勝法について書かれているので、この後に続く文章はウのみである。残ったア、イ、オはこのエの文章よりも前にくることになる。そ

のア、イ、オの記述であるが、イの「この一見単純なゲーム」はオの「ジャンケン」を受けたものであり、アの「その」はイで述べたジャンケンのおもしろさについての説明を受けたものであるから、**オ→イ→ア**と続くことがわかる。従って、正しい順番は「**オ→イ→ア→エ→ウ**」となり、正解は**C**となる。

2 **B**

前問の解説より、正解は**B**となる。

問題3

1 **E**

まず、「引退」というキーワードに注目する。イとウの文章のうち、イの「必要もない」ということから、**ウ→イ**とつながることがわかる。また、残った文章のうち、アは勉強が成長につながること、エは人間に必要な勉強のこと、オは小中学校での勉強について書かれているが、オの「だけではない」という表現から、オの次にエはつながり、これらをまとめてアで勉強の本当の効果を述べていることがわかる。従って、正しい順番は「**ウ→イ→オ→エ→ア**」となり、正解は**E**となる。

2 **D**

前問の解説より、正解は**D**となる。

9 穴埋め問題
➡本冊162ページ

問題1 **E**

空欄の前の部分に、「…味わうべき言葉」とあることから、「強制的」や「反動的」という言葉は入りにくい。また、「法学教育に従事している人々にとっても深い」とあり、「教

育的」や「創造的」というのも不自然である。また、「大学で習ったことそれ自身がそのまま役に立つのではなくして、むしろそれを忘れてしまった頃に初めて一人前の役人や会社員になれる」という内容は、「指導的」

ともいえない。従って、消去法によりEの「教訓的」が最も適切ということになる。

問題2 B

文章の流れをみると、不況→広告宣伝費を削る→受験料収入減る→アピールできない、となる。この一連のつながりを見ると、Bの「連鎖」が入ることになる。ほかの選択肢の場合には、上記一連の流れといったニュアンスが現れないために不適切となる。

問題3 A

最初の段落で、「持続的成長を回復」することが問題となっている。そのための人材というと「特異」や「個性的」は入りにくい。また、空欄の後に「参加の促進」とあることから、「顕在的」や「知的」も入りにくい。「潜在的」か「有能」のいずれかが入るが、「有能」な人材は、すでに労働市場に参入しているはずで、特に「促進」する必要もない。従って、Aの「潜在的」が最も適切ということになる。

問題4 D

プラス思考の文脈から考えて、「一見無駄」や「無関心」は入りにくい。「今まで以上に創造性・生産性を高めることが求められている。」という強い表現から考えると、Dの「必要不可欠」が入る。ほかの選択肢だとDに比べて物足りないことになる。

問題5 A

「教育の機会均等」という言葉に対応する言葉を考える。「許容」とか「遂行」、「想像」、「発揮」は不適切である。次に、「誰に対しても能力に応じて等しく教育を受ける機会が確保されること」とある。この言葉に対応するのは、「実行」よりも、Aの「実現」のほうが適切である。

★新星出版社